微创新助力品质工程创建
——广东惠清高速公路实践案例

广东惠清高速公路有限公司 主编

人民交通出版社股份有限公司
China Communications Press Co.,Ltd.

内 容 提 要

本书全面总结了广东惠清高速公路建设项目的微创新技术，对微创新技术的基本信息、一般要求、工艺流程、技术标准等作了系统介绍，集指导性、资料性与实用性于一体。全书共分6章，分别介绍了大临工程、路基工程、桥梁工程、涵洞工程、隧道工程以及信息化管理的微创新技术。

本书可供从事高速公路项目建设的工程技术人员借鉴和参考，也可供从事高速公路项目管理的技术人员学习参考。

图书在版编目(CIP)数据

微创新助力品质工程创建：广东惠清高速公路实践案例／广东惠清高速公路有限公司主编. — 北京：人民交通出版社股份有限公司，2019.7

ISBN 978-7-114-15680-9

Ⅰ. ①微… Ⅱ. ①广… Ⅲ. ①高速公路—道路建设—工程技术—广东 Ⅳ. ①U415.12

中国版本图书馆CIP数据核字(2019)第130105号

书　　名：	微创新助力品质工程创建——广东惠清高速公路实践案例
著　作　者：	广东惠清高速公路有限公司
责任编辑：	刘永超　侯蓓蓓
责任校对：	刘　芹
责任印制：	张　凯
出版发行：	人民交通出版社股份有限公司
地　　址：	(100011)北京市朝阳区安定门外外馆斜街3号
网　　址：	http://www.ccpress.com.cn
销售电话：	(010)59757973
总　经　销：	人民交通出版社股份有限公司发行部
经　　销：	各地新华书店
印　　刷：	北京市密东印刷有限公司
开　　本：	880×1230　1/16
印　　张：	10
字　　数：	194千
版　　次：	2019年7月　第1版
印　　次：	2019年7月　第1次印刷
书　　号：	ISBN 978-7-114-15680-9
定　　价：	90.00元

(有印刷、装订质量问题的图书，由本公司负责调换)

《微创新助力品质工程创建——广东惠清高速公路实践案例》编审委员会

主编单位：广东惠清高速公路有限公司

参编单位：中铁四局集团有限公司
中交第二公路工程局有限公司
保利长大公路有限公司
广东冠粤路桥有限公司
中铁十二局集团有限公司
广东华路交通科技有限公司
重庆中宇工程咨询监理有限责任公司
中资公路工程监理咨询有限公司
广东翔飞公路工程监理有限公司
江西省路桥工程集团有限公司
中交路桥建设有限公司
中铁十五局集团有限公司
中铁大桥局集团有限公司
中国铁建港航局集团有限公司
中交一公局厦门工程有限公司
中交一公局第六工程有限公司
广州市公路工程公司
中铁十七局集团有限公司
中铁十八局集团有限公司
浙江正方交通建设有限公司
新疆北新路桥集团股份有限公司

审定委员会

王春生　陈新华　邹慧明　施大庆　王安福　黄　觉
陈海珊　吕大伟　赵震宇　莫石秀　蒲春平　薛连旭

编写委员会

吕大伟　王玉文　王　超　赵　明　古伟展　李仕玲
张自创　潘少兵　刘家明　王振龙　危春根　吕明敏
何湘峰　修义军　华开成　陈伯俊　严阿贝　胡秀军
谢兼量　孟亚锋　李　涌　李品营　张昆阳　于　伟
郑云青　张东河　张树国　宋增斌　刘相如　赵　宁
李在靖　张志明　王得林　周长营　崔越超　杨洪焦
孙　林　李忠建　薄继民　李剑伟　陈争春

序　言

根据党中央提出的新时代五大发展理念及十九大报告提出的建设交通强国、质量强国的总要求。全国交通行业品质工程创建、绿色公路创建、科技示范路创建正在如火如荼进行，掀起了交通强国建设的新高潮。

但随着交通建设规模不断扩张，交通企业之间的竞争日趋激烈，竞争将逐步规范化、制度化，从无序走向有序，从非实力竞争走向实力竞争。十九大报告在强调"加快建设创新型国家"时明确提出了"科技强国""交通强国"的建设目标，然而从"交通大国"到"交通强国"，没有捷径可循。中间质的飞跃，唯有依靠创新。在这样的背景条件下，企业成败将在很大程度上取决于企业的技术实力和创新能力。而当前的唯一途径就是技术的创新，而更为现实的选择就是技术的微创新。

微创新强调对技术的应用，以高效、高质量、低成本解决实际需要为核心，对于交通建设行业而言，微创新的主体是一线工作人员，目标是提高工作效率，降低施工成本，减轻劳动强度，改善作业环境，促进劳动保护，实现本质安全，成功的标志是产生规模效益。

微创新是一种单点式的突破，虽未必会具有很强大的立竿见影的效果，却能从一点一滴入手，从量变到质变，取得超出想象的结果，发挥着画龙点睛以及"四两拨千斤"的作用。微创新起源于工程实践，服务于工程本体，反馈于一线人员，通过工人最直接的劳动感受、选择、修正、调整、试验、再修正……形成一个个微创新。其过程就是一线工作人员通过亲身劳动实践中遇到的困难，结合行业普遍需求，有目的地对现有技术手段、工艺工法、材料设备进行创新或二次应用创新，从而实现提质增效。

微创新不是仅限于高层次高水平的科研人员的工作，强调相关方的参与，更强调基层一线工人参与，是一种开放式创新模式，是一种自下而上的对现有科技创新体系的有益补充。不追求论文、研究报告等成果形式，更加注重工程实体的满足，不追求研究程序的条条框框，更加注重务实的工作方法。不追求完美的数据、表格、公式，更加注重大胆尝试，包容错误，从问题中找问题。通过不断试错来推动升级与发展。

广东惠清高速公路是交通运输部目前唯一的集科技示范工程、绿色典型示范工程、品质工程攻关行动试点牵头项目于一身的三示范工程，在微创新方面作了一些有益的尝试并且取得了显著成效。本书是广东惠清高速公路建设参建各方多年一线工作的经验总结，将他们把微创新融入建设管理全过程的理念，以及利用微创新求新求变的方法，深入浅出、图文并茂地进行了全面展示，并佐以工程实例，便于广大从业人员理解、学习和参考。

广东省路桥建设发展有限公司董事长

2019 年 6 月

目 录

第一章 大临工程 ... 1
一、钢筋笼滚箍机 ... 1
二、拌和站粉料罐集尘装置 ... 3
三、预制梁场设计和规划微创新 ... 4
四、隧道钢构件加工厂微创新技术 ... 23
五、生活污水处理系统 ... 27

第二章 路基工程 ... 30
一、高频振动液压夯实机的应用 ... 30
二、边坡防护预制构件安砌采用短节钢筋控制缝宽 ... 32
三、玄武岩纤维锚杆在边坡防护锚杆格梁中的应用 ... 33
四、履带式移动锚杆(索)钻孔操作平台施工创新技术 ... 35
五、自制边坡物料运输机 ... 37
六、涉路边坡围蔽施工创新技术 ... 39
七、液态二氧化碳气体致裂爆破施工工艺 ... 41

第三章 桥梁工程 ... 45
一、潜孔钻配合冲击钻成孔作业施工工艺 ... 45
二、液压分裂机+PVC隔离套管破除桩头工艺 ... 47
三、千斤顶调直钢筋技术 ... 51
四、利用顶管处理高速公路中央分隔带桩基施工泥浆池设置 ... 52
五、钢板式泥浆池 ... 54
六、CB-240悬臂模板(维萨板) ... 55
七、墩柱、盖梁施工安全标准化微创新 ... 59
八、活动式钢楔块 ... 64
九、可拆卸式组合拉杆 ... 65
十、模板错台调节装置 ... 67
十一、对拉式托架 ... 69
十二、挂篮智能养护系统 ... 70
十三、封闭式挂篮 ... 71

十四、桥墩风衣养护 ………………………………………………………… 73
十五、预制梁外露模板钢筋孔止浆塞防漏浆工艺 ………………………… 74
十六、预制梁顶板钢筋防上浮工艺 ………………………………………… 75
十七、预制小箱梁湿接缝钢筋"OC"式花兰固定装置 …………………… 76
十八、桥面中央分隔带安全通道 …………………………………………… 78
十九、桥面整体化层侧模采用钢梳齿板 …………………………………… 81
二十、桥面自动拉毛机 ……………………………………………………… 83
二十一、SAP内养护混凝土技术 …………………………………………… 84
二十二、桥面装配式护栏 …………………………………………………… 86
二十三、湿接缝塑料模板施工工艺 ………………………………………… 87
二十四、防撞护栏钢筋定位架施工工艺 …………………………………… 89
二十五、防撞护栏断缝施工工艺 …………………………………………… 91
二十六、防撞护栏滴管养护 ………………………………………………… 92
二十七、桥面铺装四辊轴摊铺机施工工艺 ………………………………… 94
二十八、现浇梁保护层控制（垫块摆放技巧） …………………………… 95
二十九、防撞护栏底部防漏浆装置 ………………………………………… 96
三十、防撞护栏"夹心"式断缝装置 ……………………………………… 98

第四章　涵洞工程 …………………………………………………………… 100
一、盖板涵沉降缝沥青贴防水处理 ………………………………………… 100
二、盖板涵洞台帽采用定位箱盒施工 ……………………………………… 101
三、涵洞墙身采用大块整体模板 …………………………………………… 104
四、盖板涵拉杆孔聚合物砂浆封堵 ………………………………………… 105
五、可移动式现浇涵洞盖板模板支架的应用 ……………………………… 106
六、涵洞沉降缝施工工艺 …………………………………………………… 109

第五章　隧道工程 …………………………………………………………… 111
一、隧道防爆隔音卷帘门 …………………………………………………… 111
二、隧道洞口降尘雾帘 ……………………………………………………… 112
三、隧道"零开挖"出洞施工工法 ………………………………………… 114
四、隧道开挖软岩双缓冲垫层切缝聚能预裂爆破技术 …………………… 117
五、清水自密实混凝土技术 ………………………………………………… 119
六、拱顶带模注浆技术 ……………………………………………………… 121
七、定位卡槽在隧道衬砌钢筋间距控制中的应用 ………………………… 125
八、隧道用新型止水带 ……………………………………………………… 127

九、隧道环向止水带定位技术 ··· 129

十、纵向止水带定位筋在隧道矮边墙中的应用 ·· 131

十一、T76S 自进式螺旋注浆管施工技术 ·· 133

十二、活性粉末混凝土在隧道电缆沟盖板中的应用 ··· 135

十三、隧道纵向排水管固定工艺 ·· 137

十四、全液压无轨衬砌台车施工创新技术 ··· 138

第六章　信息化管理 ·· 142

无人机技术的高速公路建设施工信息化管理应用 ··· 142

第一章 大 临 工 程

一、钢筋笼滚箍机

1. 基本信息

工艺名称:钢筋笼滚箍机。

建设单位:广东惠清高速公路有限公司。

创新单位:汕湛高速公路惠清项目3标、13标项目经理部。

应用情况:在惠清高速公路项目全线推广应用。

2. 一般要求

钢筋笼的主筋通过人工的方式固定在胎膜上,并焊接成整体,把箍筋(绕筋)端头先连接在一根主筋上,然后通过两根固定旋转轴及移动调直机把箍筋缠绕在主筋上(移动调直机一边调直一边后移),同时可以进行箍筋焊接也可以不焊接,从而形成钢筋笼产品。

3. 机械配备

镦粗机、滚丝机、切断机、四头打磨机、滚箍机、龙门吊。

4. 工艺流程

钢筋原材切头镦粗→滚丝机进行丝头车丝→检测钢筋接头是否合格→加工加强筋→三瓣式胎膜进行钢筋笼主筋焊接→半成品钢筋笼吊至滚箍机→开动滚箍机,滚箍机自带调直机自动对盘圆钢筋调直与紧箍→人工对滚箍完成的钢筋笼进行绑扎并吊至存笼区。

5. 技术标准

参考《高速公路施工标准化技术指南》。

6. 工艺要点

(1)钢筋笼滚箍机使用前须确保钢筋笼主筋与加强钢筋焊接完成,并保证焊接质量,避免在滚箍过程中因受力原因造成主筋与加强筋开焊现象的出现。

(2)钢筋笼滚箍机使用前须确保滚箍机滚轴间距满足钢筋笼滚动条件,避免滚轴间距过大或过小导致钢筋笼无法滚动或滚动不稳定,造成滚箍间距不满足设计及规范要求。

(3)钢筋笼滚箍机使用前须确保盘圆钢筋充足并与调直机头相连,以免造成滚箍过程中进行接头处理或箍筋扭曲变形。

(4)钢筋笼滚箍完成后第一时间安排工人进行箍筋绑扎,避免占用滚箍机时间太久以影响使用效率。钢筋笼绑扎完成后应第一时间吊至存笼区。

7. 效率提升

(1)由人工滚箍变更为机械滚箍,滚箍速度提升,生产效率提升70%。

(2)人工投入减少60%。

(3)钢筋损耗减少15%。

8. 实施情况(图1-1～图1-4)

图1-1 滚箍机施工图

图1-2 滚箍机控制中心

图1-3 滚箍机控制面板

图1-4 钢筋笼成型

二、拌和站粉料罐集尘装置

1. 基本信息

工艺名称：拌和站粉料罐集尘装置。

建设单位：广东惠清高速公路有限公司。

创新单位：汕湛高速公路惠清项目TJ18标项目经理部。

应用情况：在惠清高速公路项目TJ18标应用。

2. 一般要求

在水泥罐仓顶处焊接一根直径为120mm的镀锌钢管，泵送散装水泥时粉尘通过钢管进入除尘池干池，除尘池干池再通过镀锌钢管引入除尘池水池。气体由除尘池水池排出，完成除尘、滤尘系统整个工作，从而达到环保要求。

3. 机械配备

吊车、切割机、电焊机。

4. 工艺流程

拌和站及水泥罐建设→水泥罐顶端出气口封闭→120mm直径镀锌钢管引管安装→除尘池砌筑→除尘池内管道安装→除尘池干池顶端封闭→除尘池水池加水→除尘池密闭性检测。

5. 技术标准

除尘池与水泥罐连通管道采用法兰盘连接，除尘池干池封闭采用活动式钢盖板。

6. 工艺要点

除尘池安装简便、费用低廉，除尘效果优于水泥罐集尘器。

7. 效率提升

环保除尘池在实际应用中避免了水泥加注过程中因打满造成水泥粉尘排放到空气中，并且经过除尘池的除尘、滤尘，排放气体达到排放要求。此装置大大改善了拌和站生产人员的工作环境。

8. 实施情况(图1-5)

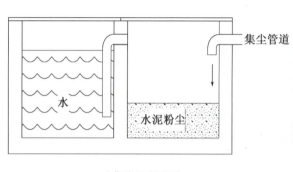

a)集尘池断面图　　　　b)集尘装置

图1-5　拌和站粉料罐集尘装置

三、预制梁场设计和规划微创新

工艺名称:预制梁场设计和规划。

建设单位:广东惠清高速公路有限公司。

创新单位:汕湛高速公路惠清项目TJ13标项目经理部。

应用情况:在惠清高速公路项目TJ13标应用。

(一)龙门吊滑触线及翻板小车

1. 一般要求

现浇排水沟沟身顶部高度及线形必须平顺。水沟浇筑时,安装固定槽钢应找平并用于后期固定盖板。水沟设计时,应充分考虑排水量,按照排水要求设计水沟断面尺寸。

2. 机械配备

本设备需配合龙门吊使用,利用龙门吊轨道同步前进。

3. 工艺流程

排水沟水沟浇筑→安装滑触线→安装翻板小车→安装盖板。

4. 技术标准

水沟沟身顶面高程及线形必须顺直;滑触线安装符合临时用电管理规程;龙门吊安装及使用符合特种设备相关管理办法。

5. 工艺要点

预制梁场龙门吊滑触线为龙门吊正常使用提供电力,安全滑触线由导轨、护套、集电器、吊挂器、连接器、固定夹、端盖等组成;翻板小车由行走滑轮、翻板滑轮、活动连接杆组成,具体设置如图 1-6 所示。

图 1-6　龙门吊滑触线及翻板小车示意图

利用铰接合页设置滑触线排水沟顶部盖板,翻板小车分别由行走装置、翻板装置及调节装置组成。在龙门吊下横梁处焊接型钢连接板,将翻板小车焊接至连接板,由龙门吊行走带动翻板小车纵向移动。为保证翻板小车纵向平顺行走,设置独立行走滑轮。翻板装置为 5 个由小到大的滑轮组成,并依次设置 2cm 高差,在前后各设置一组,第 1 个滑轮伸入盖板底部,依次至第 4 个滑轮通过盖板后将盖板自动顶升。为保证翻板小车在排水沟顶面与龙门吊轨道前存在高低起伏时顺利通过,在连接处设置调节装置,即通过竖向活动连接杆提供一定伸缩量。

图 1-7 和图 1-8 所示为龙门吊滑触线盖板自行翻板装置效果图及安装后实景图。

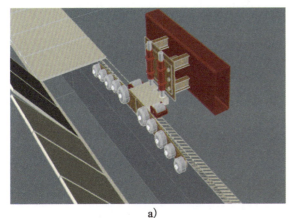 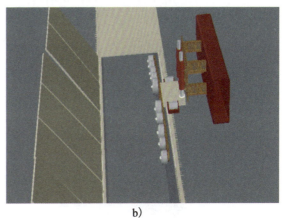

图 1-7　龙门吊滑触线盖板自行翻板装置效果图

图 1-8　龙门吊滑触线盖板自行翻板装置安装后实景图

6. 效率提升

采用预制梁场龙门吊滑触线及翻板小车,有效提高了预制梁场场地的利用率,采用厚钢板覆盖排水沟,使电力供应完全设置在地下,提升了施工整体安全性。

7. 实施情况

龙门吊滑触线槽盖板自行翻板装置技术难度低、制作使用方便、操作简单、安装快捷,可提升场区整体安全性,并可提升预制梁场的场地利用率。除此之外,还可降低人工配合设备搬运钢板费用,创造了一定的经济效益。

经检查,装置实施效果明显,既能保证施工通行又能确保龙门吊正常工作,效果如图 1-9 所示。

图 1-9　实施效果图

(二)预制箱梁标准化设计整体式液压行走外模和内模

1. 一般要求

整体式液压行走外模具有安装拆卸方便、施工效率高、无拼缝、无须吊装等优点。

液压抽拔式内模要求必须有足够的刚度,避免在受力状态下挠曲变形,同时模板拼缝少。装置可明显改善工人的劳动环境,节省模板拆装时间,大大提高生产效率,降低生产成本。

2. 机械配备

(1)外模:行走轨道、液压行走台车、液压系统控制柜、模板。图1-10和图1-11所示为整体式液压行走外模及其控制系统。

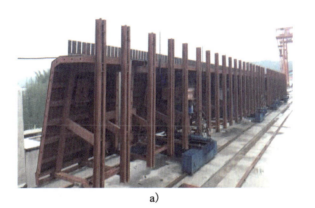

a)

b)

c)

图1-10 整体式液压行走外模

(2)内模:模板、液压系统、内模顶杆、内模撑杆、联动杆、卷扬机、拆装台车。

3. 工艺流程

(1)外模:行走轨道安装→液压行走台车安装→模板安装→液压系统控制柜安装→模板拼缝处理及调试→正式运行。

(2)内模:拆装台车就位→卷扬机就位→拆除内模顶杆→拆除内模撑杆→操作液压系

统使内模收缩→卷扬机将内模抽出→拆装台车上进行内模拼装→吊装内模进行下片梁施工。

图1-11 整体式液压行走外模液压控制系统

4. 技术标准

(1) 外模:整体式液压行走外模由轨道行走系统、液压升降与平移系统、模板三部分组成。整个箱梁外模分为四块,从跨中处断开分成两节,每块模板有两个行走台车,模板置于两个纵移小车上,沿轨道纵向移动,模板从一个台座行走至另一个台座。每个小车设置水平和垂直两类千斤顶,水平千斤顶能使模板做水平移动,实现模板的开模与合模,垂直千斤顶使模板上下升降运动。通过调节模板高低,可实现模板安装的精准定位,消除错缝漏浆现象。

(2) 内模:预制箱梁整体液压抽拔式内模从预制梁跨中位置分成两节相对独立的内模,在中间采用螺栓连接成为整体,每节内模均由模板系统、液压系统、内模顶杆、内模撑杆、联动杆、卷扬机、拆装台车组成。

联动杆由竖向杆和横向杆组成,竖向杆两端连接在箱梁内模上,横向杆将所有竖向杆连接在一起,所有的竖向杆都可以绕着竖向杆与横向杆的连接部位和竖向杆与内模的连接部位旋转,连接点均采用铰接形式。液压系统由液压油泵、液压油管路和液压千斤顶组成,通过送油和回油使液压千斤顶实现联动杆的收缩和张开,最终实现模板的收缩和张开。

5. 工艺要点

(1) 外模:首先运行液压台车,使油压表压力在5MPa时开始操作液压系统,若不事先运行液压系统而直接开机操作,则可能会造成台车进出油量不一致,相应升降量也会出现不一致情况。

操作时使整体模板先纵向移动,将两侧整体式模板运行至台座处,根据台座两端位置确定行走距离,此时将液压行走系统调整至微调挡位,保证模板行走调整量控制在1cm以内。模板横向位置到位后,调整液压系统控制阀,先调整竖向位置然后调整横向位置,最后在个别地方进行微调,从而达到和台座密贴的状态。

采用水平靠尺、线锤调整模板背肋的垂直度,调整通过模板自带的液压千斤顶进行,垂直度调整完成后采用固定顶托定位,随后固定模板底部对拉杆。

(2)内模:整体液压抽拔式内模的安装是在内模拔出后随即在抽拔台车上拼装成整体,在底腹板钢筋整体吊装入模经检验合格后,采用龙门吊将整体液压抽拔式内模分两次整体吊装就位。

抽拔模板前在预制梁两端就位抽拔台车,台车要与预制梁内腔平齐,调节拔模平台底部的四角和中部的顶高丝扣,使拔模平台与内模在同一水平高度。将拔模台座液压油泵和液压油管与内模收缩油缸连接好,将卷扬机的钢丝绳用卡扣与液压内模连接牢固,并接好液压油泵及卷扬机的电源。

准备工作完成后,启动液压油泵,送油后油缸推动联杆横梁水平运动,联杆竖杆绕横杆上的轴旋转,过程中应注意保持液压油泵的速度均匀,确保模板缓慢脱离箱梁混凝土,以免损伤箱梁。待模板完全与混凝土脱离,模板折叠缩小,拆除油泵与收缩油缸之间的油管,启动卷扬机,将模板从箱内抽出。待模板完全拔出后放在拆装台车上,通过液压千斤顶进行复位,液压千斤顶将模板联杆顶直,两联杆位于一直线上,模板张开,在拆装台车上将箱梁内模重新组装,即可吊入下一片箱梁内使用。

6. 效率提升

使用整体式液压行走外模和内模后,模板拆装时间缩短45%,人员减少50%,由于使用了液压内模,避免了人工拆模易引发的混凝土塌落等安全隐患。

7. 实施情况(图1-12、图1-13)

图1-12 内模抽拔台车

图1-13 整体液压抽拔式内模抽拔

（三）预制箱梁顶板钢筋绑扎台车

1. 一般要求

通过剪力筋绑扎小车施工的箱梁顶板，剪力筋外露高度、竖向间距、纵向间距均满足设计要求，提高了工作效率。应避免踩踏钢筋，防止绊倒摔伤。

2. 机械配备

龙门吊。

3. 工艺流程

顶板钢筋绑扎完成→剪力筋绑扎小车从一端开始绑扎剪力筋→剪力筋定位于绑扎小车定位口→剪力筋绑扎。

4. 技术标准

根据施工要求，在预制梁板顶板钢筋绑扎完成后，预制梁剪力筋绑扎小车从一端缓慢前行至第一行剪力筋绑扎位置，剪力筋通过小车定位口按方向放下，确保剪力筋放置于定位口。用扎丝对剪力筋进行绑扎，绑扎牢固后人工缓慢移动剪力筋绑扎小车至下一行绑扎位置，进行上一工序，重复进行，直至整个预制梁板剪力筋预埋钢筋绑扎完成。顶板钢筋整体吊装至预制梁底腹板钢筋上，进行预制梁整体浇筑。

5. 工艺要点

（1）剪力筋绑扎小车定位口需严格按照设计图纸进行定位，确保定位筋放置后高度一致。

（2）每行剪力筋移动距离须一致，严格遵照设计图纸进行，不得随意移动。

（3）剪力筋绑扎小车轨道须确保光滑、无异物，以免影响剪力筋绑扎小车移动。

6. 效率提升

预制箱梁顶板钢筋绑扎台车具有提高顶板钢筋绑扎效率、避免工人直接踩踏钢筋影响绑扎质量，同时辅助定位顶板预埋门形钢筋的优点。装置有效解决了传统绑扎方法造成的顶板钢筋绑扎间距不均匀，水平钢筋不顺直，顶板预埋门形筋高度、间距不均匀等问题，有效提高了顶板钢筋绑扎质量。

（1）劳动力优化程度

传统方法与本创新工艺方法的劳动力对比情况见表1-1。

劳动力统计表　　　　表1-1

工作内容名称	传统方法（人）	绑扎台车方法（人）
预制梁顶板绑扎	2	1

（2）工效提升

结合表 1-1 数据，采用顶板钢筋绑扎台车，劳动力可以得到解放，仅需 1 人即可方便操作，工效对比见表 1-2。

工 效 对 比 表　　　　　　　表 1-2

工作内容名称	传统方法	绑扎台车方法
预制梁顶板绑扎	每片箱梁顶板钢筋绑扎时间约 5h	每片箱梁顶板钢筋绑扎时间约 2h

7. 实施情况（图 1-14）

a)　　　　　　　　　　　　　　　　b)

图 1-14　预制箱梁顶板钢筋绑扎台车

(四) 预制梁防撞墙预埋筋定位系统

1. 一般要求

在顶板钢筋绑扎前，利用顶部铰链将定位系统放置在外侧，方便绑扎顶板钢筋。顶板钢筋绑扎完成后，将防撞墙预埋钢筋定位系统翻转至内侧，按照顶板钢筋间距及上部定位卡槽控制防撞墙预埋钢筋间距；平面位置设置顶板钢筋定位卡槽，该卡槽同时为防撞墙预埋钢筋内侧边缘线，并在定位装置底部设置 ∠50mm×50mm 角钢作为平面位置限位板控制其平面位置；在顶板钢筋绑扎胎具上采用 2 根 $\phi20$ 钢筋作为预埋钢筋的底部限位装置，确保钢筋放置在同一水平面上。

2. 机械配备

不需要机械配备。

3. 工艺流程

具体操作如图 1-15～图 1-17 所示。

4. 技术标准

钢筋安装应符合现行《公路桥涵施工技术规范》的要求。

图1-15 步骤一:旋转防撞墙上部定位卡槽至外侧,顶板钢筋绑扎

图1-16 步骤二:放置防撞墙上部定位卡槽,对应卡槽及顶板钢筋均匀布置防撞墙钢筋

图1-17 步骤三:焊接固定防撞墙钢筋

5. 工艺要点

该定位系统安装简单、使用方便,按照施工工艺流程安装钢筋即可保证防撞墙预埋钢筋安装准确。

6. 效率提升

(1) 质量提升效果

采用小箱梁防撞墙钢筋定位系统,操作简单。该定位系统结合原有顶板钢筋绑扎胎具,增加防撞墙钢筋上部定位卡槽,并采用铰接连接,方便使用。

(2) 劳动力优化程度

传统方法与本创新工艺方法的劳动力对比情况见表1-3。

劳 动 力 统 计 表　　　表1-3

工作内容名称	传统方法(人)	定位系统方法(人)
预制梁防撞墙预埋筋定位	3	1

(3) 工效提升

结合表1-3数据,采用创新小箱梁防撞墙钢筋定位系统,劳动力可以得到解放,仅投入1人即可保证防撞墙预埋钢筋定位效果,工效对比见表1-4。

工 效 对 比 表　　　表1-4

工作内容名称	传 统 方 法	定位系统方法
预制梁防撞墙预埋筋定位	3名工人完成1片防撞墙预埋筋6h	1名工人完成1片防撞墙预埋筋3h

7. 实施情况(图1-18)

a)　　　　　　　　　　　　　　b)

图1-18　预制梁防撞墙预埋筋定位系统实施图

经检查,实施效果明显,防撞墙预埋钢筋定位准确、间距均匀且预留高度整齐。

(五) 预应力波纹管安装定位工艺

1. 一般要求

按照设计图纸计算管道坐标,利用底腹板钢筋绑扎胎具焊接插销孔。

2. 机械配备

不需要机械配备。

3. 工艺流程

焊接定位插销孔→安装插销→安装预应力波纹管→焊接定位钢筋→取出定位插销。

4. 技术标准

预应力波纹管安装定位工艺是在底腹板钢筋绑扎胎具的基础上增设波纹管安装定位插销,每隔1m增设一组定位架,在定位架上安装插销,具体结构形式如图1-19所示。

图1-19 预应力波纹管安装定位工艺图

预应力波纹管安装定位工艺为底腹板钢筋绑扎完成后,将波纹管定位插销放置腹板内,根据波纹管各自位置放置在插销顶部即可。波纹管定位筋按设计要求焊接固定完成后即可将定位插销抽出。

5. 效率提升

(1)质量提升效果

预应力波纹管安装定位工艺使用方便、操作简单。此定位结构结合原有底腹板钢筋绑扎胎具,增加定位插销,有效减少了传统方法造成的定位不准、人为测量误差等现象发生。

经检查,工艺实施效果明显,预应力波纹管安装定位准确(图1-20)。

(2)劳动力优化程度

传统方法与本创新工艺方法的劳动力对比情况见表1-5。

劳动力统计表　　　　　　　　　　　　　　表1-5

工作内容名称	传统方法(人)	安装定位方法(人)
预制箱梁波纹管安装定位	3	1

图 1-20 预应力波纹管安装定位效果图

(3) 工效提升

结合表 1-5 的数据,采用预制箱梁波纹管安装定位工艺可以使劳动力得到解放,仅投入 1 人即可保证预制箱梁波纹管安装定位的效果。其工效对比见表 1-6。

工 效 对 比 表　　　　　　　　　　表 1-6

工作内容名称	传统方法	安装定位方法
预制箱梁波纹管安装定位	3 名工人完成 1 片预制箱梁波纹管定位 4h	1 名工人完成 1 片底腹板水平筋定位 2h

(六) 预制箱梁底腹板水平筋端头挡板

1. 工作原理

预制箱梁底腹板水平筋端头挡板由底部滑道、顶部滑道、挡板及挡板定位杆组成,具体结构形式如图 1-21 所示。

图 1-21 预制箱梁底腹板水平筋端头挡板结构图

采用钢板及小方钢焊接成与底腹板截面相同的挡板,利用原底腹板绑扎胎具为支撑,在绑扎胎具端头分别设置 1 台挡板,利用顶部及底部的滑道灵活调节水平筋端头位置。

挡板位置调整到位后,采用定位杆将其固定,并检查四根定位杆是否在同一平面上。利用挡板使水平钢筋外露在同一平面上,能有效提高预制箱梁底腹板水平筋定位质量。

2. 效率提升

(1) 质量提升效果

预制箱梁底腹板水平筋端头挡板使用方便、操作简单。此定位结构结合原有底腹板钢筋绑扎胎具,增加底腹板水平钢筋定位挡板,并采用滑道行走,方便使用。

经检查,实施效果明显,箱梁底腹板水平筋定位准确,间距均匀且外露长度整齐(图 1-22)。

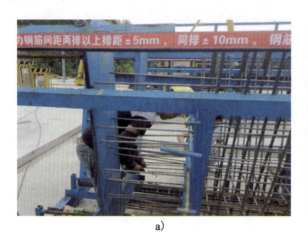
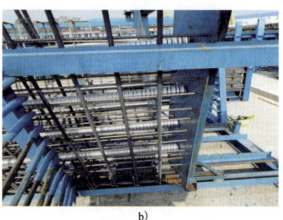

a)　　　　　　　　　　　　　　　　b)

图 1-22　箱梁底腹板水平筋定位效果图

(2) 劳动力优化程度

传统方法与本创新工艺方法的劳动力对比情况见表 1-7。

劳 动 力 统 计 表　　　　　　表 1-7

工作内容名称	传统方法(人)	定位挡板方法(人)
预制箱梁底腹板水平筋定位	2	1

(3) 工效提升

结合表 1-7 的数据,采用预制箱梁底腹板水平筋端头挡板可使劳动力得到解放,仅投入 1 人即可保证底腹板水平筋端头的定位效果,其工效对比见表 1-8。

工 效 对 比 表　　　　　　表 1-8

工作内容名称	传统方法	定位挡板方法
预制箱梁底腹板水平筋定位	2 名工人完成 1 片底腹板水平筋定位 2h	1 名工人完成 1 片底腹板水平筋定位 1h

(七) 预制箱梁内模内拉式固定工艺

1. 工作原理

预制箱梁内模内拉式固定工艺为在预制梁台座底部预先预留对拉孔,然后采用对拉螺杆将内模固定在制梁台座上的一种施工工艺,具体结构形式如图1-23所示。

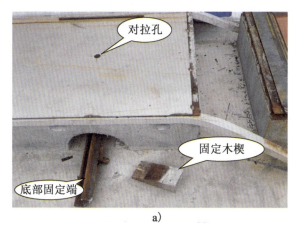

图1-23 预制箱梁内模内拉式固定工艺结构形式

制梁台座底部预留孔每隔2m设置一处,箱梁底腹板钢筋绑扎完成后,采用整体吊装入模,其垫块及保护层检查合格后,将内模吊入底腹板钢筋内,将$\phi 20$对拉螺杆穿入底部固定端,旋入5cm后,将内部固定端拧紧固定。

2. 效率提升

(1) 质量提升效果

预制箱梁内模内拉式固定工艺使用方便、操作简单,避免了传统压杠式固定工艺施工过程中经常出现顶板混凝土浇筑时收面、拉毛效果差,以及压杠型钢与顶板钢筋干扰的现象。经检查,实施效果明显,内模加固牢固,对顶板钢筋无影响,面板收光、拉毛效果好(图1-24、图1-25)。

图1-24 内模加固牢固　　　　图1-25 面板收光、拉毛效果图

(2) 劳动力优化程度

传统方法与本创新工艺方法的劳动力对比情况见表1-9。

劳 动 力 统 计 表　　　　表1-9

工作内容名称	传统方法(人)	内拉式固定方法(人)
预制箱梁内模安装加固	3	2

结合表1-9的数据,采用内拉式固定内模工艺可使劳动力得到解放,仅投入2人即可完成内模固定工作。

(八) 箱梁浇筑施工平台

1. 工作原理

箱梁浇筑施工平台采用型钢焊接而成,一侧设置上下扶梯,底部设置移动滑轮,顶部为操作平台,平台四周设置防护栏杆。在混凝土浇筑时,将操作平台推至台座顶部,人员通过上下扶梯在操作平台上施工。具体设置如图1-26所示。

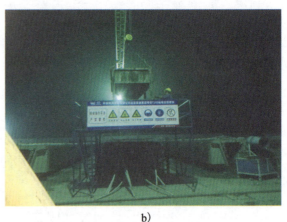

图1-26　箱梁浇筑施工平台

2. 质量及安全提升效果

箱梁浇筑施工平台可消除常规施工中施工人员在浇筑混凝土过程中对箱梁顶板钢筋的踩踏,致使顶板钢筋发生变形及下沉等现象,同时也消除了施工人员浇筑混凝土时在顶板钢筋上来回走动引起的安全隐患。

(九) 预制梁智能养护系统施工工艺

1. 一般要求

预制梁智能养护系统包括智能养护设备控制箱,蓄水池及供水系统,地埋式喷淋管道,水资源回收沟,生态循环池。

2. 机械配备

需配备水泵1台,智能养护设备控制系统。

3. 工艺流程

地埋式喷淋管埋设→安装接通供水主管道→安装智能养护设备控制箱→安装抽水水泵供水→根据养护要求设置温度及湿度进行养护。

4. 技术标准

养护满足现行《公路桥涵施工技术规范》的要求。

5. 工艺要点

预制梁智能养护系统由控制箱总控制,设备利用温湿度感应和无线发射自动控制梁体的喷淋养护工作,在预制场规划建设时预先埋设供水主管道及地埋式喷淋管道。各台座分别单独设置,间隔1m设置一处地埋式喷头,距台座1.2m,并设置水资源回收沟,使养护用水循环使用。预制梁智能养护系统如图1-27所示。

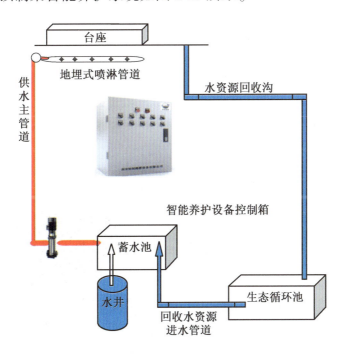

图1-27 预制梁智能养护系统

6. 效率提升

(1) 质量提升效果

预制梁传统定时养护施工过程中存在早晚温差较大的情况,定时养护容易出现养护不及时或浪费水资源的现象。

采用智能养护系统,根据温湿度感应和无线发射自动控制梁体的喷淋养护工作,接近混凝土试验室养护标准,有效解决了定时养护出现养护不及时或浪费水资源的现象。

(2) 施工安全改善程度

预制梁智能养护系统所有供水及排水管路均采用地埋式设计,场地内无任何多余管线,每个台座均有独立排水系统。智能养护系统采用无线发射及接收信号,无电缆线漏电等安全隐患的存在。

(3)劳动力优化程度

智能养护、定时养护、人工养护方法劳动力统计见表1-10。

智能养护、定时养护、人工养护方法劳动力统计表 表1-10

工作内容名称	人工养护方法(人)	定时养护方法(人)	智能养护方法(人)
预制梁养护	2	1	0

结合表1-10的数据,采用创新施工工艺预制梁智能养护可使劳动力得到解放,基本无须劳动力投入。

(4)工效提升

智能养护、定时养护、人工养护方法工效对比见表1-11。

智能养护、定时养护、人工养护方法工效对比表 表1-11

工作内容名称	人工养护方法	定时养护方法	智能养护方法
预制梁养护	2名工人每片梁每天5~10次洒水	1名工人每天设置定时时间	无

7. 实施情况(图1-28)

图1-28 预制梁智能养护系统施工工艺效果图

(十)液压伸缩式智能喷淋养护系统

1. 一般要求

液压伸缩式智能喷淋养护系统必须满足喷淋全覆盖无死角、温湿度及定时双重智能控制、安装维修便捷、操作简便的要求。

2. 机械配备

液压伸缩式智能喷淋养护系统由供水管道、电脑控制主机、增压泵、液压伸缩喷头、旋转花洒喷头组成（图1-29～图1-31）。

图1-29 台座内预埋管道

图1-30 液压伸缩式喷头

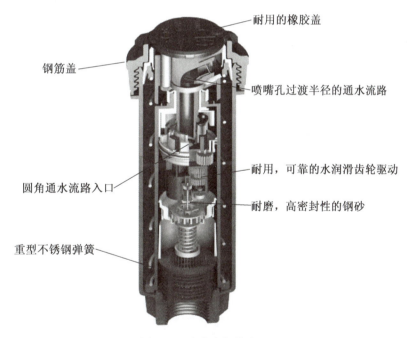

图1-31 喷头内部构造

3. 工艺流程

预埋供水管道→安装液压伸缩喷头→安装旋转花洒喷头→安装电脑控制主机→安装增压泵→安装温湿度控制器→一键启动养护。

4. 技术标准

供水主管道为 $\phi 50$ PPR 热熔管，喷淋管道为 $\phi 25$ PPR 热熔管，管道均采用地埋式。预制台座内预留出喷头安装孔，台座浇筑后将喷头安装调试完毕，即可一键启动喷淋养护。整个养护系统主要亮点为液压伸缩喷头，养护时在水压力作用下喷头端部10cm长伸缩杆自动伸出台座外,不养护时喷杆自动缩回台座内,彻底解决了以往养护喷头对模板安装等施工造成的影响,同时也避免了施工中水泥浆等杂物对喷头的封堵破坏。该喷头材料为工程塑料和不锈钢,强度高、耐腐蚀,喷头接口为 $\phi 25$ 内丝,具有增强型"雨帘喷嘴",集全圆与可调角度喷洒于一体,360°可调,工作压力为0.17～0.45MPa,流量为 0.17～2.19 m^3/h。新型微斜面设计提供了更有效的喷头附近区域灌溉,独特的流道设计可以减小压力损失并达到喷嘴最佳喷射效果,流道进口光滑,提高了最大流量,抗污装置组合装配在喷头芯内,有效避免砂石进入喷头内部,高强度伸缩弹簧保证喷头升降自如,喷嘴组包括4种低仰角喷嘴(10°)和8种标准仰角雨帘喷嘴(25°),射程范围7.6～15.2m,喷嘴可方便取出,便于维护。

5. 工艺要点

喷淋养护系统供水管道和喷头安装孔在预制台座浇筑时提前预埋,台座浇筑完成后,即可在预留孔内安装液压伸缩式喷头,安装完成后进行角度调试,一次安装完成后不需要反复拆卸,可永久使用。预制梁在浇筑完成且模板拆除后,只需一键启动控制按钮,即可开始智能养护。喷头在水压力的作用下,端部10cm长伸缩杆伸出,喷杆端头喷嘴在水流作用下,即可按照已调节好的角度范围进行旋转喷洒养护。

6. 效率提升

通过智能养护系统在预制梁场的应用,预制梁板养护达到了全覆盖、全时段、全周期,由于养护控制设备可拆解,根据实际老化进行估算,一套系统至少可使用3个梁场的预制周期,综合使用成本较低。在与相邻标段未使用智能养护系统的梁场对比中发现,使用智能养护系统的梁场用水量减少20%,养护工人减少75%,养护效率大幅提升,养护效果明显提升。

7. 实施情况(图1-32、图1-33)

图1-32 自动喷淋效果图

图1-33 控制主机

四、隧道钢构件加工厂微创新技术

工艺名称:钢构件加工厂标准化微创新。

建设单位:广东惠清高速公路有限公司。

创新单位:中铁十八局集团有限公司汕湛高速公路惠清项目 TJ17 标项目经理部、中铁十二局集团有限公司汕湛高速公路惠清项目 TJ18 标项目经理部。

应用情况:在惠清高速公路项目 TJ17、18 标应用。

(一)格栅钢架八字筋冷压成型机

1. 适用条件

采用格栅钢架作为隧道初期支护拱架的工程。

2. 机械配备

20MPa 顶推液压油缸 1 个。

3. 工艺流程

格栅钢架八字筋冷压成型机全部采用各种厚度的 Q235 钢板进行焊接,焊缝全部采用二氧化碳气保焊进行焊接,确保焊缝饱满,焊接牢固。

格栅钢架八字筋冷压成型机制作完成后,只需要将下料长度合格的 10 根 φ12 螺纹钢筋一次性放置在底部定型模具上,然后操作液压油顶向下进行顶推,顶推至底部与定型模具完全闭合后,再收回液压油顶,10 根 φ12 螺纹钢的八字筋即一次性压制成型。

4. 技术标准

冷压成型的八字筋,各部位尺寸均满足设计规范要求,线形统一美观,不存在人工加工的差异。

5. 效率提升

相比人工采用钢筋弯曲机加工八字筋,效率提高约 4 倍。

6. 实施情况(图 1-34 ~ 图 1-36)

图 1-34 格栅钢架八字筋冷压成型机实物图

(二)自制钢筋弯曲机

1. 适用条件

主要应用于直径大于或等于 22mm 的螺纹钢筋弯制较小半径圆弧的隧道仰拱钢筋

制作。

图1-35 八字筋放置　　　　　图1-36 八字筋压制成型

2. 机械配备

钢筋弯曲机1台。

3. 工艺流程

切割扇形钢板，板面上固定定位钢筋，配套既有的钢筋弯曲机作为动力来源，钢筋沿限位螺旋摇柄滚轴处顺向放入弯曲模具内，用固定螺旋摇柄将钢筋与内撑钢筋立柱顶紧卡住，启动钢筋弯曲机，使扇形弯曲模具顺时针旋转，即可带动钢筋整体旋转90°，仰拱钢筋便可加工成型。

4. 技术标准

本装置可以解决有效弯曲 $\phi22$ 以上的螺纹钢筋弯曲问题，加工出的钢筋弧度完全统一，架设后钢筋线形标准美观。

5. 效率提升

本装置的制作过程简单便捷，不需要重型起吊设备，只需2个人即可完成。在钢筋弯制过程中，只需一个人放入钢筋，启动设备弯曲成型，放开固定螺旋摇柄，将钢筋取出即可。钢筋尺寸标准，操作简单，方便快捷。

6. 实施情况（图1-37～图1-42）

（三）数控小导管冲孔机和数控小导管削尖机

1. 机械配备

数控小导管冲孔机、数控小导管削尖机。

2. 一般要求、工艺流程和要点

数控小导管冲孔机为自动化高速冲孔机，一人操作，冲孔速度快，换模具方便、定位简单,是目前行业中安全性能、先进性最好的冲孔设备。根据需求,可加工 2~6m 管材长度。优点是程序高度智能化、人性化,孔距精度绝对保证在 ±0.1mm。模具经久耐用,操作面板人性化,只需要输入管的长度、孔的距离及孔的大小即可。

图 1-37　自制钢筋弯曲机实物图

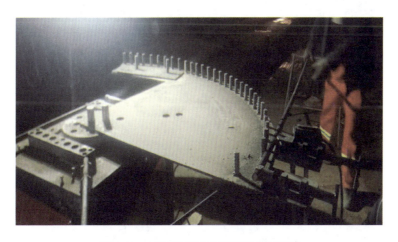

图 1-38　用固定螺旋摇柄固定预弯钢筋

图 1-39　钢筋固定螺旋摇柄　　　　　　　图 1-40　钢筋限位螺旋摇柄

图 1-41 预弯钢筋由弯曲机旋转 90°后弯制成型

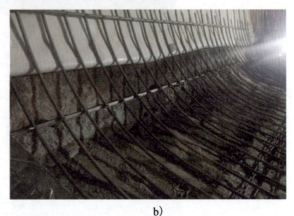

a) b)

图 1-42 成品仰拱钢筋

数控小导管削尖机采用皮带传动,尺寸精度高,传动部分灵活可靠,快捷、方便,节省人工及加工次数。设备稳定性及可靠性高,占地面积小,且简单易学。

根据设计要求,切割钢管(4.5m 一根)只需将设计参数输入数控小导管冲孔机和数控小导管削尖机,即可自动加工。

3. 效率提升

(1)相对传统的人工操作,采用数字智能化施工,能确保加工出来的产品更加稳定精确。

(2)效率提高,节约时间,缩短加工工期,节约人工。

4. 实施情况(图 1-43~图 1-45)

图 1-43 数控小导管冲孔机　　　　　　图 1-44 数控小导管削尖机

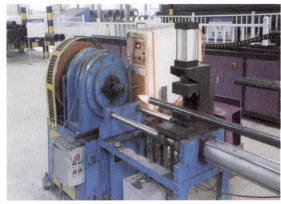

a)　　　　　　　　　　　　　　　b)

图 1-45　小导管加工

五、生活污水处理系统

1. 基本信息

工艺名称：生活污水处理系统。

建设单位：广东惠清高速公路有限公司。

创新单位：中铁十五局集团有限公司汕湛高速公路惠清项目 6 标项目经理部。

应用情况：在惠清高速公路项目 6 标应用。

2. 一般要求

为确保污染物的达标排放标准，惠清 TJ6 标项目部驻地及拌和站驻地拟配套建设一设计处理能力为 5～8m³ 的整体式污水处理系统，将全部废水送入污水处系统净化后排放，以满足国家相关环保要求，污水处理流程如图 1-46 所示。

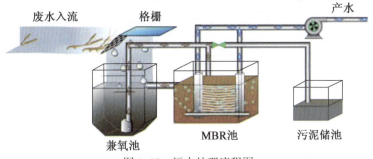

图 1-46　污水处理流程图

3. 机械配备

污水处理设备、管道防护材料。

4. 工艺流程

1) 管道铺设

(1) 管槽采用人工开挖,挖土满足设计高程后进行基底碾压,采用人工夯实。

(2) 垫层摊铺,用 C20 混凝土铺 20cm 后,洒水养护三天。

(3) 管道铺设,由于施工面低于管道铺设高程,在管道铺设基准线上每隔 3m 处砌筑一个砖砌墩桩,高度为实际高差,确保管线实际高程并能承受正常生产时管道的质量,宽度为铺设管道的 1.2 倍,砖砌墩桩必须下挖 0.5m,用 C20 混凝土做基础垫层。

2) 管道处理

(1) 当管道制作完毕后要尽快涂底漆。

(2) 钢铁构件和混凝土接触处不得涂任何油漆和底漆。直接埋入混凝土的管道仅作除锈处理,无须进行任何形式的涂覆。

(3) 埋入土中的管道应涂一层聚合物(胶乳)底漆,两层面漆外包玻璃布,再涂两层面漆。

(4) 浸没于水中的钢管、管道、金属楼梯及支架内表面应涂一层聚合物(胶乳)底漆,然后涂两层面漆。

(5) 涂装过程均应包括清洗、预处理(打磨除锈)、打底和油漆工序。

(6) 所有管道均应进行闭水试验。

图 1-47 所示为埋设地下沉淀池。

图 1-47 埋设地下沉淀池

3) 设备(包括配套设施)安装及调试

(1) 泵类安装

每台泵安装后均应与厂(站)自动控制系统相连,并能够进行现场手控和远程自动控制。泵的安装简单方便可行,当泵沿导轨从上往下放时,泵的耦合接口能自动与耦合底座完成密封连接且不再需要任何另外支撑。

(2) 格栅清污机安装

在装配前应按照装配图检查格栅井的槽尺寸,不得在尺寸不符的情况下强行安装,造成设备变形损坏。

（3）在各个部件总装合格后必须现场进行机械性能及报警系统测试，测试合格后，空池运转，连续运行时间不小于2h。运行应平稳，无卡滞现象。设备运转的金属部件不得与池内任何部位接触。一切调试正常后才能通水运行。

5. 技术标准

满足现行《城镇污水处理厂污染物排放标准》《污水综合排放标准》《中华人民共和国水污染防治法》的要求。

6. 工艺要点

严格按照国家有关环保治理的设计规范、标准要求进行，确保各种污水经污水处理系统处理后能够达到环保评价规定的水质标准要求，设备须定期进行维护保养，确保设备正常运行。

7. 效率提升

本污水处理系统采用生化加物化处理的方法，治理工艺成熟、可靠，技术先进实用，治理效果稳定，满足国家相关排放标准。

8. 实施情况（图1-48）

a)   b)

图1-48 污水处理系统实拍图

第二章 路基工程

一、高频振动液压夯实机的应用

1. 基本信息

工艺名称:高频振动液压夯实机的应用。

建设单位:广东惠清高速公路有限公司。

创新单位:江西省路桥工程集团有限公司汕湛高速公路惠清项目 TJ2 标项目经理部。

应用情况:在惠清高速公路项目 TJ2 标应用。

2. 一般要求

高速液压夯实机最大打击力可达到 150kN,有效夯实面积约为 $1.21m^2$。

3. 机械配备

挖掘机 1 台。

4. 工艺流程

高速液压夯实机与挖掘机配套使用,安装在挖掘机斗杆前端原有铲斗位置,利用挖掘机的液压动力驱动和操控。在进行夯实作业时,根据不同的夯实作业要求,挖掘机大臂及小臂可根据需要自由调整夯机高度及角度,从而实现对水平面及斜面等不同形式的夯实作业。

5. 技术标准

压实度、平整度符合现行《公路工程质量检验评定标准》及《公路桥涵施工技术规范》的要求。

6. 工艺要点

(1)安装简单。只需几分钟就可完成整个安装过程。

(2)机械化代替人力劳动。高速液压夯实机以液压为动力,将液压能转化为机械能,机械化作业完全取代了人力劳动。

(3)操作简单方便。高速液压夯实机操控非常简单,只需要一名挖掘机操作人员即可进行普通操作。

(4)应用范围广。工作区域不受限,无论是平地还是斜坡都能进行夯实,适用于多种地形及作业方式,配合大型振动压路机使用,能够有效处理各种边角、路堤边坡坡面修整及台、墙背等靠近结构物且大型压路机无法压实的地方。

(5)工作效率高,夯实质量好。高速液压夯实机击振力明显大于普通平板夯实机且其振幅大,为手推平板夯实机的数十倍,具有很高的冲击压实效能,压实速度快、质量好。

7. 效率提升

成本投入小,每台高速液压夯实机约5万元;工作效率高,夯实速度比传统手推平板夯实机提高约10倍以上;夯实质量好,最大振动压力可达150kN,能够满足高速公路压实质量要求;使用范围广,适合多种地形和作业方式,实用性强。

8. 实施情况(图2-1~图2-3)

图2-1 涵背边角压实施工

图2-2 台背边角压实施工

图2-3 路堤修整压实施工

二、边坡防护预制构件安砌采用短节钢筋控制缝宽

1. 基本信息

工艺名称:边坡防护预制构件安砌采用短节钢筋控制缝宽。

建设单位:广东惠清高速公路有限公司。

创新单位:广州市公路工程公司汕湛高速公路惠清项目15标项目经理部。

应用情况:在惠清高速公路项目15标应用。

2. 一般要求

结构尺寸符合设计要求,线形美观。

3. 机械配备

采用常规机械设备。

4. 工艺流程

先铺设2cm厚的M7.5水泥砂浆,大致抹平,靠线安放预制构件,确保平面位置、高程准确,表面平整,相邻两块预制构件的高差不超过3mm。相邻预制块安砌间缝通过插入ϕ10短节钢筋临时固定缝宽,再进行间缝填塞砂浆、抹平密实后拔除钢筋。

5. 技术标准

技术标准符合设计及规范要求。

6. 工艺要点

临时插入短节钢筋应固定牢固,间隙砂浆应填塞密实、抹平。

7. 效率提升

通过简易改进工艺,使相邻预制块缝宽一致、美观,结合紧密。

8. 实施情况(图2-4~图2-6)

图2-4 安砌预制块时插入短节钢筋定位

图2-5 间缝填塞砂浆后拔除钢筋

a)　　　　　　　　　　　　　　　　b)

图 2-6　骨架预制块缝宽一致、结合紧密

三、玄武岩纤维锚杆在边坡防护锚杆格梁中的应用

1. 基本信息

工艺名称：玄武岩纤维（BFRP）锚杆在边坡防护锚杆格梁中的应用。
建设单位：广东惠清高速公路有限公司。
创新单位：中交一公局厦门工程有限公司汕湛高速公路惠清项目 TJ9 标项目经理部。
应用情况：在惠清高速公路项目 TJ9 标应用。

2. 一般要求

玄武岩纤维（BFRP）锚杆，具有高强、轻质、耐碱、耐酸和耐自然元素腐蚀等优异物理化学性质，作为锚固材料应用于路基边坡防护，能很好地解决岩土锚固工程中钢筋的腐蚀问题，对结构的安全性和耐久性提供良好的保障。

3. 机械配备

成套钢筋加工设备、锚杆钻机、空压机、操作平台。

4. 工艺流程

锚杆原材料处理→黏结锚头→锚杆对中器安装→钻孔→清孔→下锚→注浆→格梁施工。

5. 技术标准

参照现有技术标准、规范等执行。

6. 工艺要点

（1）锚杆原材处理。按设计长度截取边坡锚杆玄武岩纤维（BFRP）筋材，每根筋材顶部套上特制的压制式套筒锚具(内径稍大于筋材直径的无缝钢管),锚具长为30cm,并在锚具顶部焊接十字钢架(ϕ8钢筋)作为锚头。

(2)黏结锚头。采用高强度植筋胶,将锚杆与锚头黏结,并静置24h固化。

(3)锚杆对中器安装。为了保证玄武岩筋材锚杆注浆时位于注浆体的中心,有效发挥抗腐蚀作用,采用丝绕式对中器,将高强度的铁丝缠绕在直径为6~8cm的钢管上,绕制成弹簧状,长15cm,用扎丝绑扎在筋材上。

(4)其余锚杆施工中的锚杆成孔、注浆等施工工艺与钢筋锚杆施工相同。最后将BFRP锚杆锚头十字钢筋与格梁钢筋捆绑浇筑混凝土即可。

7.效率提升

BFRP筋材密度轻、抗拉强度高、耐酸碱,与砂浆及混凝土的黏结性能良好。

经现场施工实践,玄武岩纤维锚杆与普通钢筋锚杆受力相当,边坡稳定,施工方便,支护效果好,节约工程造价。

8.实施情况(图2-7~图2-10)

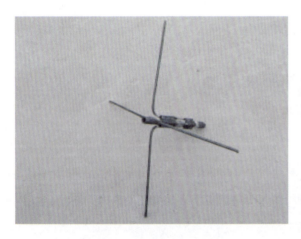

图2-7 BFRP锚杆锚头

图2-8 成型的BFRP筋材锚杆

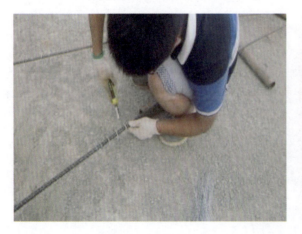

图2-9 丝绕式对中器

图2-10 固定对中器在BFRP锚杆上

四、履带式移动锚杆(索)钻孔操作平台施工创新技术

1. 基本信息

工艺名称:履带式移动锚杆(索)钻孔操作平台施工创新技术。

建设单位:广东惠清高速公路有限公司。

创新单位:广东冠粤路桥有限公司汕湛高速公路惠清项目 TJ11 标项目经理部。

应用情况:惠清项目 TJ11 标应用。

2. 一般要求

履带式移动锚杆(索)钻孔平台为方便锚杆(索)钻孔施工,由挖掘机改装而成。主要由移动端及操作平台组成,其中移动端为履带式加长臂挖掘机,安装完成并试机后即可进行操作平台移动、调整钻孔角度等。操作平台可放置两台钻孔设备,可进行水平或垂直移动,作业较为方便,钻孔间距得到有效提高。该设备减少了搭、拆作业平台劳动力的投入,同时较大地提高了锚杆(索)钻孔施工效率及安全系数,实效较为明显。

3. 机械设备

履带式加长臂挖掘机、操作平台、锚杆钻机、空压机。

4. 工艺流程

锚杆(索)格子梁施工流程:边坡开挖→测量放线→组装移动钻孔平台→移动钻孔平台钻孔→按常规作业进行施工。

5. 技术标准

参照现有技术标准、规范等执行。

6. 工艺要点

(1)操作平台钻机定位。用量角器定向,钻杆与水平夹角为20°,并确保钻机安放支架牢固稳定,以控制孔位误差不得超过±2cm。

(2)测量定位。坡面检查合格后,按设计要求测量放线测定孔位,然后操作移动端进行平台就位,用水平尺核对操作平台大致水平,以确保钻杆与水平夹角符合要求,以控制锚孔偏斜度不超过5%。

(3)钻孔机具。采用空压机供风,潜孔钻无水干钻成孔,禁用水冲成孔,使用钻头直径不得小于设计孔径。

(4)钻孔深度。为确保锚孔深度,钻孔深度至少大于设计深度0.5m以上。

7. 效率提升

（1）履带式移动锚杆（索）钻孔操作平台自带行走装置，无须搭设钻孔平台脚手架，可以节约脚手架的租赁费用。另外，可节省支架转移场地间的运输及吊装费用。

（2）由于不需要搭设脚手架作业平台，不需要额外的人工进行施工作业，若坡长按50～60m长作业面计算，可以节约10～15个工日。

（3）不再需要搭设和拆除作业平台脚手架，每个作业面可以节省3～4d的工期，减少工期，降低成本。

（4）履带式移动锚杆（索）钻孔操作平台具有纵、横向移动功能，且可以随时随地调整钻孔角度，方便作业人员上下。

8. 实施情况（图2-11～图2-13）

图2-11 改造前的操作平台

图2-12 改造前的行走系统

图2-13 改造后的移动操作平台

五、自制边坡物料运输机

1. 基本信息

工艺名称:自制边坡物料运输机。

建设单位:广东惠清高速公路有限公司。

创新单位:中交路桥建设有限公司汕湛高速公路惠清项目 TJ4 标项目经理部。

应用情况:在惠清高速公路项目 TJ4 标应用。

2. 一般要求

自制的边坡物料运输机由运输小车、卷扬机、发电机、运输钢丝绳组成。运输小车单趟有效运输质量达到 300kg,其最大运输速度控制在 0.5m/s,运输过程中由钢丝绳进行牵引,牵引用钢丝绳长度根据施工现场自由进行调整。物料机与边坡应有可靠固定措施,防止运输过程中发生倾覆。

3. 机械配备

切割机、电焊机、卷扬机配套设备。

4. 工艺流程

边坡物料运输机安装前首先规划安装线路,然后在堑顶或适当位置打入钢钎(固定滑轮用),然后布设钢丝绳并与小车和卷扬机相连,最后连接动力线路,完成运输机的安装。

采用自制边坡物料运输机运输施工材料时,在边坡路基上由人工将预制块等材料搬运至小车上并加以固定,然后开动卷扬机开关,待运输至相应边坡平台后关闭开关,由人工将其卸至边坡平台上进行施工。整个运输过程中工人劳动强度小、运输速度快。施工时须注意上下人员之间的相互配合。

5. 技术标准

满足现行《公路工程施工安全技术规范》的要求。

6. 工艺要点

(1)做好运输机与边坡的固定,保证物料运输机平稳附着于边坡上。

(2)物料运输过程中,避免装料过满,尽量保证运输匀速,避免速度过快引起较大冲击力,对轨道造成影响。

(3)做好上下人员的配合及沟通,按要求进行设备操作。

7.效率提升

(1)与传统施工方法相比,采用物料运输机进行运输,操作简便,省时省力,施工中只需5~6人便可完成大量施工材料的运输工作,材料能够及时供应,边坡防护施工进度更快。

(2)使用范围广,自带行驶轮胎,运输方便,可运输各种边坡施工材料,几乎适用于各种边坡防护作业,实用性强。

(3)物料运输机单趟运输质量可达到300kg,能够及时将物料运输至相应工作平台上,避免了因材料供应不及时造成的窝工,且运输过程中耗费人力劳动少,工作效率大大提高。

8.实施情况(图2-14、图2-15)

图2-14 物料提升机机械调试

图2-15 物料提升机运送预制块

六、涉路边坡围蔽施工创新技术

1. 基本信息

工艺名称：涉路边坡围蔽。

建设单位：广东惠清高速公路有限公司。

创新单位：广东冠粤路桥有限公司汕湛高速公路惠清项目11标项目经理部。

应用情况：在惠清高速公路项目11标应用。

2. 一般要求

对运营中的公路进行改造加宽或新建互通匝道与已有公路拼宽等涉及挖方石方的边坡，为避免施工作业中有落石侵入行车道，须对挖方作业区进行有效围挡。可根据现场实际情况，采用竹夹板作为围挡面，预埋钢管加水平钢槽为支承结构，使整个围挡系统受力均匀，能抵御一定的冲击力，从而确保过往行驶车辆的安全。

3. 机械设备

焊机、洋镐、手电钻、皮卡车。

4. 工艺流程

基础开挖→立柱安装(120mm镀锌钢管)→浇筑基础混凝土并养护→焊接水平支撑杆件(两层10号槽钢)→围挡面板钻孔绑扎铁丝(20mm竹夹板)。

5. 技术标准

参照现行广东省高速公路施工标准化指南、施工技术规范等执行。

6. 工艺要点

(1) 根据原有挖方边坡的地质情况，在每一级挖方平台设置围挡，边坡平台支承立柱采用预埋钢管，碎落台段可利用原有公路护栏立柱用U形扣锁紧，支承立柱间距约3m、外露地面1.5m左右。

(2) 围挡面板为竹胶板，立柱采用直径120mm、壁厚6mm的镀锌钢管，立柱埋深不小于60cm，采用C20混凝土进行固结，确保立柱能够承受一定的冲击力。

(3) 横向支撑杆件与立柱焊接位置要保证焊缝高度不小于1cm。横向支撑杆采用10号槽钢，槽钢对接内侧焊接加劲板，确保接头处焊接稳固。

(4) 每块面板与横向杆件采用钢丝绑扎稳固，绑扎点不得少于四处。面板与面板之间不得有间隙，须紧密贴合。

(5)定期安排人员对围蔽进行检查,对松动的钢丝重新加固,破损的面板及时更换,台风等恶劣天气前应进行加固并做好应急防范措施。

7. 效率提升

(1)本项目采用围蔽方式有效阻止了挖方边坡作业出现的落物侵入到行车道,减少了安全隐患,从而确保过往行驶车辆的安全。

(2)根据现场实际情况,可采用施工现场模板、钢管及槽钢等施工材料进行围蔽,拆除后也可重新作为工程施工现场材料使用,大大地节省了成本。

(3)由于采用的围蔽材料较为简单轻便,在进行围挡作业时方便灵活,较大地节约了人工劳动力,提高了工作效率。

8. 实施情况(图 2-16~图 2-18)

图 2-16 邻近挖石方边坡围挡(施工前)

a)

b)

图 2-17 围挡支撑杆件细部

图 2-18　边坡围挡(施工过程中)

七、液态二氧化碳气体致裂爆破施工工艺

1. 基本信息

工艺名称:液态二氧化碳气体致裂爆破施工工艺。

建设单位:广东惠清高速公路有限公司。

创新单位:中铁四局集团有限公司汕湛高速公路惠清项目 13 标项目经理部。

应用情况:在惠清高速公路项目全线推广应用。

2. 工艺流程

二氧化碳致裂爆破主要分为 5 个工作步骤:第一步地面操作间装管;第二步爆破工作面打眼;第三步将装好气的致裂管运输到工作面;第四步把二氧化碳致裂管放炮孔内,并且封孔、放炮;第五步回收。图 2-19 所示为操作间设备布置图。

图 2-19　操作间设备布置图

1)地面操作间装管

(1)二氧化碳致裂管灌装前的准备工作

①需要给充装机、拆装机供应380V交流电。

②储液罐有足够的液态二氧化碳。

③准备致裂器和相应的耗材(加热棒、爆破片、垫片)。

④准备万用表、钳子、扳手、内六角等工具。

(2)操作方法

①组装(图2-20)

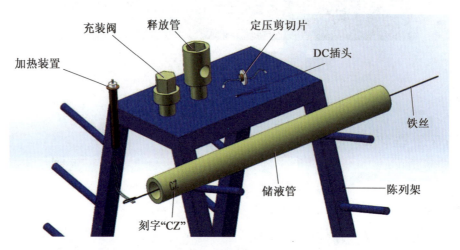

图2-20 致裂器组装图

a. 将致裂器储液管放在陈列架上,将铁丝插入主管中,并使带钩的一端从主管刻字的一端伸出。然后用铁丝钩住加热装置的导线并拉动铁丝使导线从储液管的另一端伸出。

b. 将定压剪切片装上密封垫,并与加热装置的导线连接在一起(注意定压剪切片凸起的一端朝里),然后拉出加热装置,使定压剪切片完全进入储液管内。

c. 先拧紧释放管,再拧紧充装阀,直至拧到手无法拧动为止。

d. 将拧好的致裂器放在拆装机钳口上,并将充装阀一头插入拆装头里。然后顺时针旋转急停按钮,按启动按钮以启动拆装机。

e. 按住夹紧按钮,当压力上升到10MPa以上后放开。然后按住紧固按钮,当压力上升至10MPa时,放开紧固按钮。

f. 按住松开按钮,然后将致裂器掉头。

g. 重复步骤e。

h. 测量电阻,电阻在1~2Ω为正常。

②充气

a. 将致裂器放在充装台上对好充装孔,拧紧夹紧杆并用内六角扳手打开充装阀,然后打开致裂器所对应的球阀,关闭没有致裂器的球阀。

b.按下充装机上的清零键,将称重仪表清零。

c.放气:每天首次工作前,需要放气,将整个管道排空。先打开充装台上的进口球阀和出口球阀,然后按下放气按钮,直到出口球阀喷出连续不断的白色气体后,关闭出口球阀。

d.洗管:按下放气按钮后,关闭进口球阀后打开出口球阀,将致裂器内的二氧化碳放出,放出一大部分二氧化碳后关闭出口球阀,重复两到三次。

e.充装:关闭出口球阀后,按下增压按钮,待致裂器充满后机器会自动停止。机器停止后,用内六角扳手将致裂器的充装阀关闭,然后关闭进口球阀,再打开出口球阀将多余气体放出。

f.测试密封性:将致裂器的充装阀和释放管分别放入水中,确保没有气泡冒出。

2)钻孔施工

根据中风化花岗岩岩性CO_2致裂爆破作用半径技术,施工钻孔深度宜为4m,每排按照间距3m×3m进行布置,且每排之间采用梅花形设置,钻孔根据致裂器直径大小确定,一般致裂器直径采用$\phi 73$,钻孔孔径采用$\phi 90$;钻孔过程中保证钻孔垂直度。

3)设备运输

(1)储液管长1m,外径73mm,灌装液态二氧化碳后质量约为25kg。储液管采用优质进口钢材加工而成,结实耐用,可重复使用4000次,除了接通电路能启动爆破外,磕碰、撞击、高温都不易对装置产生损坏。

(2)储液管在地面灌装液态二氧化碳后,由矿方安排人员提前用矿车运输至爆破地点。

(3)试验无法进行或是用不完的储液管必须及时回收升井,妥善保管。

4)放炮

(1)将第一根致裂器和第二根致裂器先连接好,插好插销。并将第一根致裂器的DC插头剪短,把两个线缠在一起,并用绝缘胶布缠好,然后把锥头连上。

(2)先把连接好的两根致裂器插入孔中,插入前先把提拉杆插到第二根致裂器的释放管中,然后插入孔中,利用提拉杆支撑致裂器,使致裂器不掉落。

(3)将第三根致裂器与第二根致裂器连接好,将第二根提拉杆插入第三根致裂器的释放管中。然后拔出第一个提拉杆,再把致裂器放入孔中。

(4)重复步骤(3),将剩余的致裂器连接好。

(5)采用钻孔钻渣封孔,并采用细木棍插捣密实,确保不能飞管。

(6)采用$\phi 15$的钢丝绳把每个致裂管的头部拴起来。

(7)根据智能云安全发爆器功率将所有致裂器用导线连接好(单个孔中的致裂器为串联,电阻值累计增加)。

5)回收

(1)将回收好的致裂器用平板车运到操作间,把致裂器放在拆装机钳口上,并将充装阀一头插入拆装头里。然后顺时针旋转急停按钮,按下启动按钮以启动拆装机。

(2)按住夹紧按钮,当压力上升到10MPa以上后放开,然后按住拆卸按钮,旋转一至两圈后,放开拆卸按钮。

(3)按住松开按钮,然后将致裂器掉头。

(4)重复步骤。

(5)将致裂器内部的残渣清理干净,以便下次使用。

3. 质量提升效果

采用液态二氧化碳气体致裂爆破施工工艺,有效改进了在高压线路等特殊环境下石方开挖困难的情况,有效控制了边坡石方爆破难以控制线形及原设计坡率等情况。

4. 施工安全改善程度

(1)具有安全特性。储存、运输、携带、使用、回收等方面均十分安全。主机与爆破器材分离,从灌装至爆破结束时间较短。液态二氧化碳灌注仅需1~3min,起爆至结束仅需4ms。实施过程无哑炮,无须验炮。安全警戒距离短,无安全隐患。爆破筒回收方便,可连续使用。

(2)既可定向爆破又可延时控制,特别是在特殊环境下,如居民区、隧道、地铁、营业线、井下等环境,实施过程中无破坏性震动和短波,对周围环境无破坏性影响。

(3)不需要火工库,管理简便、操作易学,操作人员少,无须专业人员值守。

第三章 桥梁工程

一、潜孔钻配合冲击钻成孔作业施工工艺

1. 基本信息

工艺名称:潜孔钻配合冲击钻成孔作业施工工艺。

建设单位:广东惠清高速公路有限公司。

创新单位:中交一公局第六工程有限公司汕湛高速公路惠清项目TJ10标项目经理部。

应用情况:在惠清高速公路项目TJ10标应用。

2. 一般要求

(1)施工前须平整施工场地,修建作业平台,供潜孔钻、冲击钻机就位作业使用。

(2)潜孔钻钻孔位置根据地质情况提前计划,做好布设。

3. 机械配备

主要机械设备为潜孔钻及配套空压机、冲击钻机。主要机械设备见表3-1。

主要机械设备　　　　　　表3-1

序号	设备名称	规格型号	单位	数量	备注
1	潜孔钻	DFYQ100	台	1	钻孔
2	冲击钻	CZ-6D	台	1	钻孔
3	全站仪	莱卡	台	1	平面测量
4	水准仪	莱卡	台	1	高程测量
5	发电机	150kV	台	1	备用电源

4. 工艺流程

工前准备→孔位布设→钻进施工→冲击钻机施工。

(1)工前准备。在潜孔钻使用前,先按规范要求平整场地,并安排测量人员准确测量放置桩位,确定桩基中心线位置,埋设护桩。

（2）孔位布置。根据桩基半径,确定桩基边缘线,依据地质条件选择合适的布孔方式。孔位布置要间距均匀,依桩径大小灵活规划,保证既破坏地下坚硬岩层效果,而又不造成机械利用浪费。

（3）钻进施工。在孔位布置完成后,使潜孔钻就位,根据规划好的孔位,依次钻进,钻孔时要时刻保证钻杆垂直,避免孔道倾斜,偏出桩位范围。潜孔钻施工过程中受空压影响,扬尘现象时有发生,要做好洒水净尘工作。

（4）冲击钻机施工。潜孔钻作业完成后,由冲击钻机按规范要求进行正常冲孔施工。

5. 技术标准

施工按照现行《公路桥涵施工技术规范》《公路工程质量检验评定标准》《公路工程施工安全技术规程》《惠清项目质量强制性标准》及设计要求执行。

6. 工艺要点

本工艺要点主要在于潜孔钻布孔方式选择。在实际施工中,潜孔钻钻孔时,不同的布孔方式在不同的岩层条件下施工效果不尽相同,产生的施工效益也大不相同。

根据横江2号桥的地质条件,经过简要分析比对,施工过程中采用了3种布孔方式:入微风化岩层较深时使用环形布孔方式(图3-1),入微风化岩层较浅时使用方形布孔方式(图3-2),入中风化岩层时使用三角形布孔方式(图3-3)。

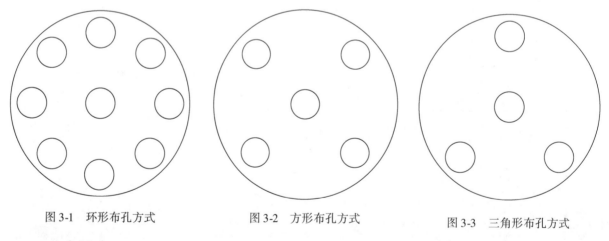

图3-1　环形布孔方式　　　　图3-2　方形布孔方式　　　　图3-3　三角形布孔方式

7. 效率提升

经潜孔钻在横江2号大桥、白水带大桥桩基施工中应用得出的现场实测数据分析如下:

直接使用冲击钻进行桩基入岩后的钻进,在微风化花岗岩岩层中,每天进尺20~40cm;使用潜孔钻钻孔后再用冲击钻钻进,在微风化花岗岩岩层中,每天进尺可达0.9~1.2m;冲程效率可提高2.5~3.5倍。主墩部分桩基钻进效率统计见表3-2。

主墩部分桩基钻进效率统计表　　　　　　　　表 3-2

序号	桩　基	对策实施前钻进效率（cm/d）	对策实施后钻进效率（cm/d）	效率提升(%)
1	横江 2 号桥右 6 号-B	30	101	236
2	横江 2 号桥右 5 号-B	26	98	276
3	横江 2 号桥右 10 号-B	40	120	119
4	白水带大桥 0 号-A	20	93	365
5	白水带大桥 1 号-B	30	103	243
6	白水带大桥 2 号-A	23	98	326

8. 实施情况(图 3-4～图 3-6)

图 3-4　履带式液压潜孔钻机

图 3-5　调整钻杆竖直度

a)

b)

图 3-6　潜孔钻机钻孔施工

二、液压分裂机 + PVC 隔离套管破除桩头工艺

1. 基本信息

工艺名称：液压分裂机 + PVC 隔离套管破除桩头工艺。

建设单位:广东惠清高速公路有限公司。

创新单位:中交一公局第六工程有限公司汕湛高速公路惠清项目 TJ10 标项目经理部。

应用情况:在惠清高速公路项目 TJ10 标应用。

2. 一般要求

(1)松解泡棉或 PE 管套入

桩头整体破除法主要是在钻孔结束后安装钢筋笼前,将事先加工好的松解泡棉或 PE 管直接套入钢筋笼外露承台、系梁的主筋和声测管外端表面,将钢筋笼伸入承台、系梁的主筋和声测管全部包裹、密封。松解泡棉或 PE 管主要作用是使桩头混凝土和主筋不发生握裹。

松解泡棉或 PE 管主要设置在桩头部分,为了保证桩头的分离,将松解泡棉底端设在切割线下 100mm 的位置处,下部采用胶带固定,胶带深入桩体 5~10cm,上端同此做法。为了保证松解泡棉或 PE 管的整体位置准确,在桩头内用 22 号铅丝将缠绕在钢筋上的胶带绑扎固定,保证其不发生串动,将其位置固定。

PE 管取硬塑料材质,保证在灌注中不被混凝土挤扁失效。宜选取比主筋直径大 2~5mm 的管径,确保钢筋与 PE 管套分离。PE 管直接采用市场上销售直径合适的 PE 管即可。

(2)液压分裂

桩头开挖完成后,在桩顶高程以上 10cm 处采用气动凿岩机垂直桩身方向钻孔,孔的内径为 5cm,钻孔深度只需要达到桩直径的 1/5 即可,然后将 4 个液压分裂机枪头插入钻孔中,并打开油泵开始工作,直至钻孔处桩头与桩身面产生分离,然后再起吊出上部桩头。

3. 机械配备

主要机械设备为液压分裂机、空压机、吊车。机械设备见表 3-3。

机 械 设 备 表　　　　表 3-3

序号	设备名称	规格型号	单位	数量	备注
1	液压分裂机	FLJ-90A	台	1	用于分离桩头
2	空压机	JV4008	台	2	用于钻分离孔
3	水准仪	莱卡	台	1	用于高程测量
4	发电机	150kV	台	1	用于备用电源
5	吊车	25t	台	1	用于提桩头

4. 工艺流程(图 3-7)

(1)钻孔和钢筋绑扎完成后,在桩头钢筋安装 PE 保护管,然后就位桩基钢筋。

(2)等桩基强度达到 70% 后,开挖承台、系梁基坑,在承台、系梁开挖过程中,对外桩头的主筋不能损伤或弯曲,否则对整体破除桩头不利,必须保护好。

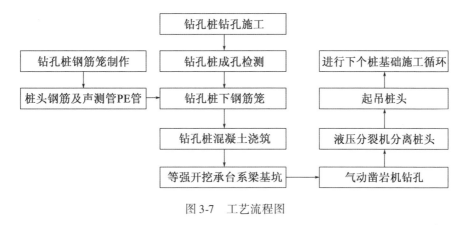

图 3-7 工艺流程图

(3)采用小型钻孔设备(风镐等),在设计桩顶高程沿桩基周长均匀钻取 4 个楔子孔,插入楔子。

(4)开启油泵,使桩头与桩基分离,同时采用挖机反铲将分离的桩头进行晃动,确保桩头与钢筋和桩基混凝土完全分离。

(5)采用反铲、装载机或者其他吊装设备将完全分离的桩头吊起,放置在基坑周边设定好的桩头存放场地,吊起分离后的桩基顶面。

(6)清理吊出的桩头至指定的弃放场地。

(7)循环上述操作,进行下个循环。

5.技术标准

(1)所用的机械设备符合现行国家规范和标准。

(2)按照现行《公路桥涵施工技术规范》要求,控制钢筋、混凝土和结构几何尺寸的施工质量。

6.工艺要点

(1)桩头钢筋密封

在进行松解泡棉或 PE 管安装时,必须将外露承台的钢筋和声测管全部密封,且完全固定,保证其不发生窜动。

(2)桩头分裂

①总是保持绝对水平的钻孔,分裂的作用力会沿着钻孔的角度延伸。

②钻孔桩的顶部应该处于桩顶高程以上 10cm 处的分裂位置,而不是其底部或者中心。如果是底部处于分裂位置,很有可能还有 50mm 的桩头需要手提钻来处理。

③钻孔深度只须达到桩直径的 1/5 即可。

④分裂机的钢楔子必须以合适的角度插入,唯一运动的部分是中心的钢楔子,其作用

力使得外部的楔子互相反向的分开、上下分开。如果分裂楔子被旋转90°,它就会向两边分开,导致把桩体纵向从头到脚分开。

7. 效率提升

液压分裂机+PVC隔离套管破桩头技术在横江2号桥、白水带大桥已投入使用,据实测数据分析:对于开挖完成的桩头,使用该项技术破除桩头,每天可破除4~6根,而传统破桩头需两个人两天破除1根。由此可见,施工速度得到大大提高,且破除桩头面较平整。主墩部分桩基钻进效率统计见表3-4。

主墩部分桩基钻进效率统计表　　　　　表3-4

序号	桩　基	对策实施前钻进效率（个/d）	对策实施后钻进效率（个/d）	效率提升(%)
1	横江2号桥右11号	1(2.2m桩径)	3.5	133
2	横江2号桥右10号	1(2.2m桩径)	3.5	133
3	横江2号桥右15号	1.5(1.8m桩径)	4	167
4	白水带大桥0号	2(1.6m桩径)	6	200
5	白水带大桥1号	2(1.6m桩径)	6	200
6	白水带大桥2号	2(1.6m桩径)	6	200

8. 实施情况(图3-8~图3-13)

图3-8　安装桩头钢筋保护PE管

图3-9　系梁基坑开挖

图3-10　钻孔深度测量

图3-11　桩头分裂机枪头安装

图 3-12　桩头分裂后起吊　　　　　　　图 3-13　桩头破除后的桩顶

三、千斤顶调直钢筋技术

1. 基本信息

工艺名称:千斤顶调直钢筋技术。

建设单位:广东惠清高速公路有限公司。

创新单位:中交路桥建设有限公司汕湛高速公路惠清项目 TJ4 标项目经理部。

应用情况:在惠清高速公路项目 TJ4 标应用。

2. 一般要求

在钢筋工程施工时,部分钢筋变形须进行调直,利用千斤顶加反力架对钢筋弯曲变形部分进行调直,彻底改变了操作人员采用氧气、乙炔烧烤调直钢筋的方法,并更好地保证了钢筋力学性能。所调直钢筋无二次折弯现象,对钢筋无损伤,线形顺直,自制反力架应具有足够的刚度。

3. 机械配备

千斤顶 1 套并附带油泵、自制反力架。

4. 工艺流程

(1)利用钢板制成反力架。

(2)将千斤顶与反力架连接在一起。

(3)用反力架卡住待调直钢筋,千斤顶勾住弯曲点。

(4)开动油泵,千斤顶工作,调直钢筋。

(5)依此循环,直至钢筋全部调直。

5. 技术标准

满足现行《公路桥涵施工技术规范》和《公路工程质量检验评定标准》的要求。

6. 工艺要点

（1）千斤顶加反力架调直钢筋技术通过钢筋直径及钢筋弯曲程度进行分段调直，以最大程度恢复钢筋原状为基准，保证误差控制在±5mm以内。

（2）将千斤顶顶住钢筋弯曲点、反力架卡住钢筋，开启油泵千斤顶工作，应保持油表读数平稳，反力架无晃动及出现较大位移，将钢筋弯曲部分进行分段调直，直至整根钢筋调整完成。

7. 效率提升

该钢筋调直技术仅需3人即可完成对变形钢筋的调直，相比普通钢筋调直方法，在时间上缩减近一半，很大程度上节省了人力，提高了作业效率。

8. 实施情况（图3-14、图3-15）

图3-14 液压千斤顶实物图

图3-15 液压千斤顶调直桩头钢筋

四、利用顶管处理高速公路中央分隔带桩基施工泥浆池设置

1. 基本信息

工艺名称：利用顶管处理高速公路中央分隔带桩基施工泥浆池设置。

建设单位：广东惠清高速公路有限公司。

创新单位：中国铁建港航局集团有限公司惠清高速公路TJ8标。

应用情况：在惠清高速公路TJ8标中应用。

2. 一般要求

以大广高速公路中央分隔带桩基施工为例,桩基施工时大广高速公路上场地有限,泥浆池设置为桩基施工重点,此处利用在大广高速公路路面以下2m位置顶管到中央分隔带,再竖向钻孔连通顶管,可利用连通的管道安放泥浆管及电缆等施工设施。

3. 机械配备

液压顶管机、直径400mm钢管。

4. 工艺流程

确定顶管位置及长度→顶管施工→中央分隔带竖向钻孔→安置施工管线→桩基施工→施工完成→回填高强度等级混凝土。

5. 技术标准

满足现行《公路桥涵施工技术规范》及相关环保要求。

6. 工艺要点

和大广高速公路相关部门沟通协调,迁移出中央分隔带通信管线,避免桩基施工以及竖向打孔时破坏中央分隔带管线。

确定线外泥浆池设置位置,进而确定顶管施工的位置以及顶管长度,利用液压顶管机将400mm刚牵引管顶进至计算位置,利用洛阳铲等工具施工竖向管道与顶管连通,然后安放泥浆管连通桩基与线外泥浆池,保证桩基正常施工;同时,因采用400mm牵引管口径较大,可满足水管、电缆等同时利用顶管空间。

待中央分隔带桩基、下部结构施工完成后,采用高强度等级混凝土回填牵引管道,保证大广路基密实。

7. 效率提升

(1)节省空间。大广高速公路上施工空间有限,考虑到行车安全,不利于在高速公路上开挖或设置钢制泥浆池。此工艺可做到节省施工空间的作用。

(2)安全方面。若在高速公路上切槽铺设管道,切槽过程会造成交通阻塞,上盖钢板容易造成车辆跳车,存在安全隐患,利用下穿管道可以不造成路面破坏,消除安全隐患。

(3)环保方面。利用此方法将泥浆池设置在路外,可避免施工过程泥浆洒漏对路面造成污染。

8. 实施情况（图3-16）

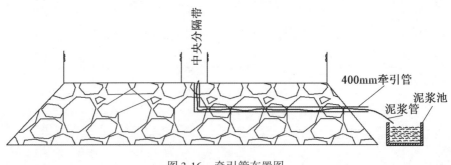

图3-16　牵引管布置图

五、钢板式泥浆池

1. 基本信息

工艺名称：钢板式泥浆池。

建设单位：广东惠清高速公路有限公司。

创新单位：中铁十二局集团有限公司汕湛高速公路惠清项目TJ18标项目经理部。

应用情况：在惠清高速公路项目TJ18标应用。

2. 一般要求

本装置适用于需要泥浆循环的桥梁冲击钻孔桩基施工。

3. 机械配备

电焊机1台、汽车吊1台、挖掘机1台。

4. 工艺流程

开挖泥浆池→浇筑底板混凝土→嵌入钢板箱→焊接牢固。

5. 技术标准

满足现行《公路桥涵施工技术规范》及相关环保要求。

6. 工艺要点

钢板式泥浆池采用1cm厚钢板，泥浆池结构尺寸为6m×3m×1.5m（长×宽×高）。中间用钢板分隔成沉淀池和循环池。沉淀池为3m×4m，循环池为3m×2m。钢板连接采用焊接。底板采用C20混凝土浇筑，厚度为20cm。

7. 效率提升

由钢板焊接的泥浆池侧壁刚度大，对基坑的边坡防护能力增大，不会发生坍塌，安全可靠性强。

钢板式泥浆池对原材料要求并不苛刻,废弃的桥涵平直钢模板进行修补、焊接后,都可以作为泥浆池侧壁及隔墙进行使用,可以合理有效地利用既有资源,达到废物利用的作用,同时可以重复使用,大幅节约成本。

8. 实施情况(图3-17)

a)　　　　　　　　　　　　　　　　b)

图3-17　钢板式泥浆池

六、CB-240悬臂模板(维萨板)

1. 基本信息

工艺名称:CB-240悬臂模板(维萨板)。

建设单位:广东惠清高速公路有限公司。

创新单位:中交第二公路工程局有限公司汕湛高速公路惠清项目TJ3标项目经理部。

应用情况:在惠清高速公路项目TJ3标应用。

2. 一般要求

维萨板可以代替钢模板,钢模板每节4.5m左右,维萨板每节可达6m,具有质量轻,施工简单、迅速,费用经济,混凝土表面光洁,能加快施工进度和提高效率等特点。

3. 机械配置

模板、主背楞、斜撑、后移装置、受力三角架、主平台、吊平台、埋件系统、起吊设备。

4. 工艺流程

(1)平面模板的组成

图3-18所示为维萨板整体效果图。

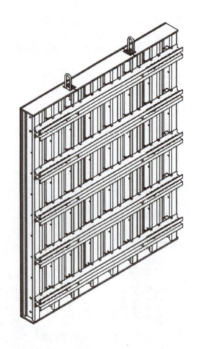

图 3-18　维萨板整体效果图

(2) 模板设计

直墙爬模模板采用木胶合板+木工字梁模板体系,面板为 18mm 胶合板,模板设计高度为 4650～6150mm,浇筑层高为 4500～6000mm。竖肋为木工字梁,横楞为双根[14槽钢。

模板的下沿与混凝土墙体之间的间距应控制在最小值,为此,在所有模板的下沿部分设置槽钢[20a,配合 D20 螺杆及蝶形螺母。

图 3-19 所示为模板整体,图 3-20 所示为模板下部设置螺杆。

图 3-19　模板整体

图 3-20　模板下部设置螺杆

(3) 悬臂模板操作平台

①墩身外侧悬臂支架所设各操作平台,操作面的宽度均大于 700mm。各平台仅作为施工人员绑扎钢筋及操作时用,堆放的施工器材不得超过设计荷载。

②墩身外侧操作平台的支承为Ⅰ14a工字钢,用50mm厚木跳板满铺。顺着木跳板的短边方向摆放废旧的钢筋条,然后用铅丝穿过木跳板将钢筋条、木跳板与工字钢绑扎牢固,以此将木跳板连成整片,并固定起来。

③在墩身的下部,顺桥向的宽度较大,造成操作平台的两侧悬挑长度过大,为了增加操作平台的稳定性,拟在墩身的下部约10个浇筑节段里,顺桥向的操作平台都设置高强绷带,尽量使得悬挑部分的质量转移到中部的两个悬臂支架上。

图3-21所示为作业平台构造示意图,图3-22所示为墩身施工作业平台。

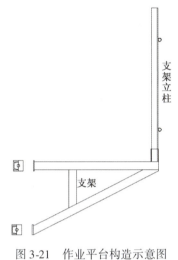

图3-21　作业平台构造示意图　　　　图3-22　墩身施工作业平台

(4)模板支设

墩身外侧直墙模板支撑采用后移式支撑体系,把模板固定在悬臂支架上。

墩身筒内模板安装时,先安装阴角模板,后安装直面墙体模板。墩身筒内模板后移时,应先移动直面墙体模板,然后移动阴角模板。

阳角模板拼缝采用斜拉座及斜拉杆进行连接,45°斜向受拉,使阳角模板咬合严实。图3-23所示为墩身施工。

a)　　　　　　　　　　　　　　　b)

图3-23　墩身施工

5. 技术标准

满足现行《公路工程质量检验评定标准》《公路桥涵施工技术规范》等标准的要求。

6. 工艺要点

（1）模板均采用全新维萨模板，由具有资质的专业厂家按照设计尺寸加工定做，面板厚度一致，模板进场后必须先进行试拼，经验收合格后方可投入使用。

（2）模板在安装前，应进行打磨处理，并均匀涂刷脱模剂，模板之间采用高强螺栓连接，拼缝处须粘贴双面胶带，防止漏浆。

（3）模型内面处理满足混凝土表面平整光滑的要求，模型的刚度、强度、稳定性满足施工的需要。模板安装完成后，采用2m直尺检查拼缝及大面平整度，不符合要求时应进行调整。拉杆孔与模板之间的空隙采用泡沫胶封堵，防止漏浆，封堵时注意泡沫胶不要侵入模板内部。

7. 效率提升

（1）技术：面板为进口（维萨板），吸水性能均匀，混凝土浇筑外观气泡少、光滑平整，周转使用，改装方便，维萨板由于质量轻，施工节段比钢模板增高1.5m，可加快施工进度，缩短工期。

（2）经济：用木模板代替钢模板，节约大量钢材，一套7m×3.5m×6m的钢模板价格为30万，维萨板价格为19万，可节约11万元。

（3）安全性：维萨板质量是钢模板的1/5，塔吊安全荷载余量大幅提升，相比钢模板安全性能大大提高。

8. 实施情况（图3-24、图3-25）

图3-24　模板安装

图3-25　模板吊装

七、墩柱、盖梁施工安全标准化微创新

工艺名称：圆柱墩一体化施工平台、矩形墩一体化施工平台、盖梁一体化施工平台、安全爬梯。

建设单位：广东惠清高速公路有限公司。

创新单位：中交第二公路工程局有限公司汕湛高速公路惠清项目TJ3标项目经理部。

应用情况：在惠清高速公路项目全线推广应用。

(一) 圆柱墩一体化施工平台

1. 一般要求

圆柱墩一体化施工平台附着于墩身模板，由两部分拼装而成，质量轻、安拆方便，减少安拆环节的安全风险，可循环使用，且能满足作业需求，提升文明施工形象。

2. 机械设备

汽车吊、二氧化碳保护焊、扳手。

3. 工艺流程

安装牛腿支架→安装扶手立柱→安装横向连接系→安装地板钢筋→铺设花纹钢管→吊装两个施工平台→拼装成整体→安装挡脚板→安装绿色格栅网。

4. 技术标准

(1) 柱式墩一体化施工平台主要由牛腿支架和护栏组成。

(2) 牛腿支架由横撑和斜撑组成，具体设置要求如下：横撑和斜撑均采用[10槽钢制作；横撑长度为1.1m，端部焊接130mm×100mm×12mm厚的钢板连接座，连接座上焊制50mm×30mm×2.0mm的矩形方管，方管高度为200mm；斜撑与横撑夹角为45°，采用焊接连接；牛腿支架采用M16高强螺栓连接在模板环肋上。

(3) 支架横撑上均匀铺设加工成环形的ϕ12螺纹钢，螺纹钢间距为200mm，点焊连接在横撑上，并满铺花纹钢板。

(4) 护栏主要由立柱和横向连接系组成，具体设置要求如下：立柱高度为1.2m，采用40mm×40mm×3.5mm的矩形方管制作；立柱顶端及中间部位焊接ϕ20的钢管作为套管，采用ϕ12圆钢穿过套管，作为横向连接系；立柱底部设置ϕ12圆孔，使用时承插在横撑端部的方管中，采用ϕ12螺栓与方管固定。

(5) 护栏底部设置180mm高的挡脚板，内侧挂设绿色格栅网。

5. 工艺要点

圆柱墩一体化施工平台为装配式结构,附着于墩身模板上,与模板同步拼装而成。施工时,平台上不得堆放材料或杂物。

6. 效率提升

采用整体吊装工艺整体拼接,减少了安装时间,相较原有施工时间,同等条件下可缩短35%。

7. 实施情况(图3-26~图3-28)

图3-26 圆柱墩一体化施工平台整体效果图

图3-27 牛腿支架

图3-28 立柱扶手及横向连接系

(二)矩形墩一体化施工平台

1. 一般要求

矩形墩一体化施工平台附着于墩身模板,由四部分拼装而成,质量轻、安拆方便,减少安拆环节的安全风险,可循环使用,且能满足作业需求,提升文明施工形象。

2. 机械设备

汽车吊、二氧化碳保护焊、扳手。

3. 工艺流程

安装牛腿支架→安装护栏→铺设花纹钢管→安装挡脚板→安装绿色格栅网→吊装各个平台构件→拼装成整体。

4. 技术标准

矩形墩一体化施工平台由支架和护栏组成,支架一般附着在矩形墩模板上,与模板联结成一体。

平台支架由横撑和斜撑组成,均采用8号槽钢焊制,支架布设间距为0.5~1.0m;支架横撑长度为0.8m,满铺3mm厚花纹钢板,点焊固定在支架上。

支架端部焊接130mm×100mm×12mm的钢板连接座,连接座上焊制50mm×30mm×2.0mm的矩形方管,方管高为200mm,用于支架与护栏立柱焊接连接。

护栏高度为1.2m,立杆采用40mm×60mm×2.5mm的矩形方管焊制,间距为2m;上横杆采用40mm×40mm×3mm的角钢焊制,下横杆采用40mm×4.0mm的扁钢焊制。

护栏表面涂刷红白相间警示漆,底部设置180mm高的挡脚板,栏内侧挂设绿色格栅网,并设置安全警示牌。

5. 工艺要点

平台拼装好后,转角处应全封闭,不得留有空隙;花纹钢板应满铺。

6. 效率提升

采用整体吊装工艺整体拼接,减少了安装时间,相较原有施工时间,同等条件下可缩短35%。

7. 实施情况(图3-29)

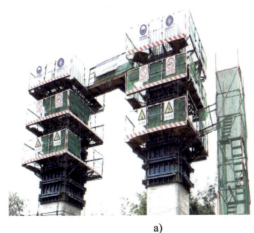

a)   b)

图3-29 矩形墩一体化施工平台

（三）盖梁一体化施工平台

1. 一般要求

盖梁一体化施工平台为装配式结构，一般6m为一节，拼装固定在支撑体系上，安拆方便，减少安拆环节的安全风险，可循环使用，且能满足作业需求，提升文明施工形象。

2. 机械设备

汽车吊、二氧化碳保护焊、扳手、铁丝。

3. 工艺流程

制作平台各构件→安装挡脚板→安装绿色格栅网→安装抱箍→安装贝雷梁→吊装平台各构件→平台构件拼装成整体。

4. 技术标准

（1）盖梁一体化施工平台由支撑体系、平台和护栏组成。

（2）支撑体系由双抱箍、砂桶、贝雷梁组成。

（3）平台宽度为0.8m，平台主框架采用40mm×40mm×3mm的角钢焊制，主框架每隔0.5m设置一道横撑，横撑采用直径为20mm的螺纹钢焊制；平台上满铺3mm厚花纹钢板，点焊固定在框架上；用铁丝将平台与支撑体系连接固定。

（4）护栏高度为1.5m，立杆与上横杆采用40mm×40mm×3mm的角钢焊制，下横杆采用40mm×4mm的扁钢焊制，立杆间距为2m；护栏焊接在底板框架上。

①护栏表面涂刷红白相间警示漆，底部设置180mm高的挡脚板，栏内侧挂设绿色格栅网，并设置安全警示牌。

②平台与盖梁侧模间的缝隙采用20mm厚的竹胶板进行覆盖。

5. 工艺要点

盖梁一体化施工平台支撑体系应满足承载力要求，抱箍应使用双抱箍，螺栓应满上；花纹钢板应满铺，并点焊连接；转角处应全封闭，不得留有空隙。

6. 效率提升

采用整体吊装工艺整体拼接，减少了安装时间，相较原有施工时间，同等条件下可缩短35%。

7. 实施情况(图 3-30)

a)　　　　　　　　　　　　　　b)

图 3-30　盖梁一体化施工平台

(四) 安全爬梯

1. 一般要求

项目按照《广东省高速公路工程施工安全标准化指南》(第二册　安全技术)要求,结合山区施工特点,在墩柱盖梁施工时,配备装配式、产品化安全爬梯。该爬梯安拆简单、方便,可循环使用,大大提高了施工效率。

2. 机械配备

起重机(汽车吊或塔吊)、铁锤、扳手。

3. 工艺流程

场地整平→浇筑混凝土基础→四支底座的螺母平面调节到同一水平线→摆放底座→用螺栓将底座连接固定在基础上→将四支立杆分别插入可调底座→安装纵向横杆、横向横杆→安装水平杆→将纵向及横向横杆依次安装在立杆盘扣上→将楼梯安放在短横杆上→加高时重复(6~10)步骤→安装斜杆→根据爬梯高度安装连墙件(每5m一道)→安装绿色格栅网。

4. 技术标准

对爬梯基础进行整平,并采用C20混凝土硬化200mm,每侧大于爬梯尺寸0.5m。

采用高强螺栓将爬梯底座与基础连接固定。

爬梯每5m设置一道连墙件与墩柱连接,防止爬梯倾覆。

四周采用绿色格栅网围护,格栅网用扎丝加密固定,并设置相关安全警示牌。

5. 工艺要点

安装调节底座时,须将四支底座的螺母平面调节到同一水平线;楼梯外侧应安装扶手;爬梯高度大于5m时,应设置连墙件,连墙件应安装稳固。

6. 效率提升

采用整体吊装工艺、整体拼接,减少了安装时间,相较原有施工时间,同等条件下可缩短35%。

7. 实施情况(图3-31、图3-32)

图3-31 安全防护棚

图3-32 爬梯整体效果图

八、活动式钢楔块

1. 基本信息

工艺名称:活动式钢楔块。
建设单位:广东惠清高速公路有限公司。
创新单位:中铁大桥局集团有限公司汕湛高速公路惠清项目TJ7标项目经理部。
应用情况:在惠清高速公路项目TJ7标应用。

2. 一般要求

(1)严格按照图纸加工4个活动式钢楔块(每个盖梁);
(2)按图纸要求准确在墩身预埋PVC管;
(3)安装时调整好钢楔块位置并在底部采用螺杆拧紧固定。

3. 机械配备

汽车吊1辆或塔吊1台。

4. 工艺流程

最后一节墩身施工完成,利用爬梯将钢棒插入墩身预埋PVC管中,然后利用吊机在钢棒的两侧各安装一个钢楔块并上齐螺杆后拧紧(钢楔块要基本保持水平),用同样办法在另一个墩身安装两个钢楔块。

5. 技术标准

通过调节钢楔块来确保盖梁底模高程位置。

6. 工艺要点

钢楔块由四部分组成,置于底座上保持水平,采用螺杆拧紧固定。卸载时仅需松动螺母即可完成。

7. 效率提升

采用千斤顶或砂筒进行卸载,工艺安全风险较大,千斤顶也易产生故障、砂筒易造成受力不均产生偏斜,大大降低功效。而钢楔块受力均匀,可平稳调整,安全性高;利用钢板组合而成,价格低廉,可循环倒用。

8. 实施情况(图3-33)

图3-33 活动式钢楔块

九、可拆卸式组合拉杆

1. 基本信息

工艺名称:可拆卸式组合拉杆。

建设单位:广东惠清高速公路有限公司。

创新单位:中铁大桥局集团有限公司汕湛高速公路惠清项目 TJ7 标项目经理部。

应用情况:在惠清高速公路项目 TJ7 标应用。

2. 一般要求

按规定的位置、几何尺寸成形,保持其正确位置,并承受模板自身质量及作用在其上的外部荷载。

3. 机械配备

无。

4. 工艺流程

模板立好后,组合式拉杆与内侧采用 PVC 管穿精轧螺纹钢加螺母进行固定,另一端采用爬锥预埋,爬锥与外模板采用精轧螺纹钢进行连接,与内模对拉。

5. 技术标准

施工过程中拉杆两侧安装位置不能颠倒,安装完成后拉杆应拧紧,轻敲无松动。

6. 工艺要点

一端 PVC 管内穿精轧螺纹钢加螺母固定,另一端采用爬锥预埋,模板拆除后可将内侧爬锥与精轧螺纹钢同时取出,循环使用。

7. 效率提升

全部采用 PVC 管穿精轧螺纹钢的拉杆,模板拆除后 PVC 管不易凿除,封堵不方便,密封效果较差。两端均采用爬锥预埋的栏杆,中间拉杆无法拆除,资源浪费较大。可拆卸式组合拉杆模板拆除后可将内侧爬锥与精轧螺纹钢同时取出,循环使用,拉杆孔形美观,极易封堵。

8. 实施情况(图 3-34、图 3-35)

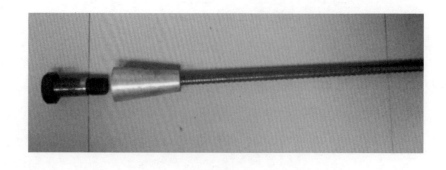

图 3-34　可拆卸式组合拉杆照片

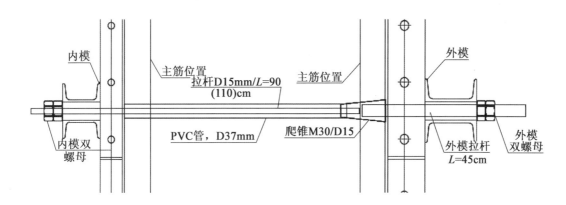

图 3-35 可拆卸式组合拉杆结构示意图

十、模板错台调节装置

1. 基本信息

工艺名称:模板错台调节装置。
建设单位:广东惠清高速公路有限公司。
创新单位:中交路桥建设有限公司汕湛高速公路惠清项目 TJ4 标项目经理部。
应用情况:在惠清高速公路项目 TJ4 标应用。

2. 一般要求

用三块较厚(大于10mm)的钢板焊接为一个 U 形卡,U 形卡的正面和侧面打孔,以便安装调节螺栓。在需要调节错台的模板接缝位置,安装 U 形卡,通过紧固螺栓来实现模板错台的调节。

3. 机械配备

普通电焊机割刀、钢板打孔机、钢板、螺钉、螺母。

4. 工艺流程

(1)设计和加工模板调节装置。
(2)将接缝调节装置临时安置在需要调整模板接缝平整度的相邻模板上。
(3)将调整装置的两个调整螺栓分别带紧。
(4)根据错台情况,对其中一个调节螺栓拧紧,开始调节。
(5)拧紧过程应缓慢,针对实际情况,对调整螺栓拧紧或拧松,直到预期效果为止。

5. 技术标准

满足现行《公路桥涵施工技术规范》和《公路工程质量检验评定标准》的要求。

6. 工艺要点

（1）模板错台调节装置应根据相邻模板贴合厚度进行加工，调节卡槽净高与模板拼接厚度基本相符。

（2）调节螺栓应具备足够刚度，螺栓宜采用 M12 以上规格的六角头螺栓，加工调节卡采用 10mm 以上钢板，根据模板参数适当调整。

（3）调节卡与相邻模板应紧贴，无翘曲现象，螺栓紧固程度应能满足调节需要，应在模板安装到位后再采用调节卡进行调整，达到减少混凝土实体错台的作用。

7. 效率提升

该模板错台调节装置加工工具需要普通电焊机割刀，工艺简单、安装方便，普通工人即可加工完成，仅需一人即可进行安装调节，很大程度节省了人力，提高了作业效率。

8. 实施情况（图 3-36、图 3-38）

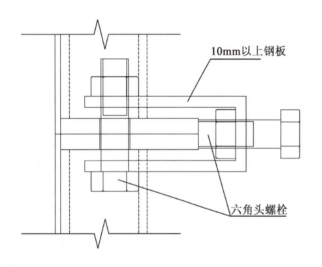

图 3-36　模板错台调节装置侧面图

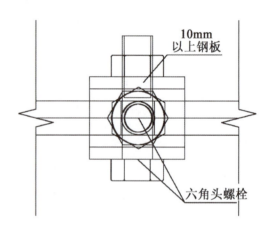

图 3-37　模板错台调节装置正面图

图 3-38　模板错台调节装置实施效果图

十一、对拉式托架

1. 基本信息

工艺名称:对拉式托架。

建设单位:广东惠清高速公路有限公司。

创新单位:中铁大桥局集团有限公司汕湛高速公路惠清项目 TJ7 标项目经理部。

应用情况:在惠清高速公路项目 TJ7 标应用。

2. 一般要求

(1)托架由悬臂段托架、墩间托架、墩侧托架三部分组成,严格按照图纸设计进行安装。

(2)安装人员必须戴安全带,优先安装安全防护平台及护栏,四周挂设密目网防护,操作平台必须满铺脚手板。

3. 机械配备

塔吊 1 台、点焊机若干。

4. 工艺流程

托架施工包括托架安装、托架预压、托架拆除三大流程。在墩身施工时预埋爬锥进行牛腿安装,牛腿安装完成后进行分配梁、底模的安装,托架安装完成后须对其进行预压。

5. 技术标准

(1)结构所用钢材除特别注明或者为标准产品外,钢材材质均为 Q235b,材质应符合现行《碳素结构钢》要求,结构用钢均应有出厂合格证。

(2)焊条、焊丝应符合现行《非合金钢及细晶粒钢焊条》等相关标准的规定。

(3)精轧螺纹钢筋根据现行《预应力混凝土用螺纹钢筋》采用 PSB30 级,锚筋应通长设置,中间不设接头,使用前须探伤检测。

6. 工艺要点

(1)所有焊接构件的焊缝表面不得有裂纹、焊瘤、气泡等缺陷。

(2)销座预埋爬锥应垂直于模板内表面,锥孔封闭,安装时应精确定位。

(3)主要受力构件须接长处理时,必须按照规范要求处理,保证等强连接。

(4)悬臂段托架与纵梁 1a 连接的 4 根精轧螺纹钢,每根张拉力为 180kN,与纵梁 1b 连接的 4 根精轧螺纹钢,每根张拉力为 115kN。

7. 效率提升

采用此法施工有效地避免了墩身外侧预埋钢板,焊接固定牛腿托架,结构轻巧,受力明确,安拆方便。

8. 实施情况(图3-39、图3-40)

图3-39　对拉式托架

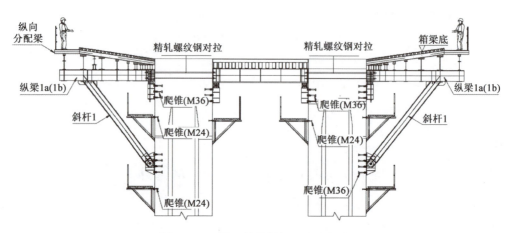

图3-40　0号、1号块托架立面示意图

十二、挂篮智能养护系统

1. 基本信息

工艺名称:挂篮智能养护系统。

建设单位:广东惠清高速公路有限公司。

创新单位:中铁大桥局集团有限公司汕湛高速公路惠清项目TJ7标项目经理部。

应用情况:在惠清高速公路项目 TJ7 标应用。

2. 一般要求

混凝土浇筑完成后,及时安排人员对现浇梁进行养护,养护由专人专职负责,做好养护记录。

3. 机械配备

智能养护系统 1 套。

4. 工艺流程

养护采用智能养护系统,按照顶板、内箱和底腹板三块进行养护设计。养护水管分为可移动式和可伸缩式,外侧养护水管及喷头随外侧模板进行移动;内箱室水管及喷头布置在简易的万向轮小车上面进行,小车上面布置伸缩杆,养护用水利用梁顶的水箱蓄水。

5. 技术标准

确保梁体在早期能进行全湿润养护,从而有效防止裂纹产生,并快速提高早期强度。

6. 工艺要点

(1)养护人员要熟练操作智能养护设备,发现问题及时处理。
(2)确保水源充足,根据气候情况随时调整养护频率,湿度不足时要适当喷水。
(3)养护人员要及时检查管线的完好情况,防止养护水管破裂等现象发生。

7. 效率提升

采用智能养护系统,仅需 1 人 1 机,极大节省了人工资源,提高了工作效率。

8. 实施情况

采用本系统后,提高了质量和效率,实施效果良好。

十三、封闭式挂篮

1. 基本信息

工艺名称:挂篮智能养护系统。
建设单位:广东惠清高速公路有限公司。
创新单位:中铁大桥局集团有限公司汕湛高速公路惠清项目 TJ7 标项目经理部。
应用情况:在惠清高速公路项目 TJ7 标应用。

2. 一般要求

(1)本挂篮为菱形挂篮,主要由主桁架、底模平台及吊挂系统、后锚固、内外模、施顶系统等组成,拼装时按构件编号及总装图进行。

(2)挂篮施工操作平台、安全防护栏杆、爬梯等安全防护与挂篮主体同步拼装。

3. 机械配备

塔吊2台、汽车吊1台、螺旋千斤顶16台。

4. 工艺流程

挂篮的整体拼装顺序为:走行系统→菱形桁架→后锚梁→后锚杆→中横梁→后吊杆→前横梁→前吊杆→底模系统→外模→内模。

5. 技术标准

(1)挂篮各零部件的加工应遵守现行《钢结构工程施工质量验收规范》要求;对于重要的受力构件均须进行超声波探伤检查,探伤检验等级为B级,对接焊缝应进行全截面探伤检查,确保结构受力安全。

(2)所有焊接构件必须减少其焊接变形,施焊前制定出合理的焊接工艺。

(3)操作平台严禁堆放杂物,走行时底模平台严禁站人。

6. 工艺要点

(1)各构件加工完毕后,主桁架及连接系、底模平台部分在厂内进行试拼,合格后方可运至现场。

(2)挂篮使用过程中应经常对主桁架、后锚固系统、前后吊挂系统等关键部位进行检查。

(3)作业人员必须佩戴安全带、安全帽;有人作业的范围必须设立安全围栏。

(4)挂篮周边挂设安全网防护,避免高空坠物对行人及车辆造成伤害。

7. 效率提升

(1)挂篮采用全封闭式管理,底部设底兜防止异物掉落,四周采用防护网围蔽,内设螺旋式扶梯上下。

(2)采用该工艺有效地保证了挂篮的施工安全,降低了高空坠物的风险。

8. 实施情况(图3-41)

图3-41 挂篮施工全景图

十四、桥墩风衣养护

1. 基本信息

工艺名称:桥墩风衣养护。

建设单位:广东惠清高速公路有限公司。

创新单位:中铁十二局集团有限公司汕湛高速公路惠清项目 TJ18 标项目经理部。

应用情况:在惠清高速公路项目 TJ18 标应用。

2. 一般要求

本风衣适用于圆心断面直墩混凝土浇筑后的养护。

3. 机械配备

吊车 1 辆。

4. 工艺流程

墩身浇筑完成拆模后,人工配合吊车将养护风衣包裹在墩柱外侧,用魔术贴将风衣包裹密贴,上端固定在预留外露钢筋上进行加固,即可完成操作。

5. 技术标准

由于该风衣采用防雨绸作为原材料,具有极强的防透水、透光性能,能有效地防护墩身混凝土在烈日下暴晒,同时可以阻止养护水分蒸发,而且可以重复使用。

6. 工艺要点

养护风衣周长与墩柱周长必须严格匹配,确保墩身与风衣间缝隙最小,达到保水效果。

养护风衣设计时根据现场实际墩身直径设置多排魔术贴,可以由封闭条来调节养护风衣的周长,以确保该风衣可以适应各种墩身直径。

养护风衣顶端设置封口穿绳,可以将风衣上口收缩至与外露预留钢筋同长,起到密闭作用,同时可以与外露预留钢筋连接牢固,确保养护风衣不会脱落。

7. 效率提升

养护风衣可以直接由墩顶向下套装,省去了以往塑料薄膜养护时需要绕墩旋转缠绕的工序,可以大量地节约高空作业时间,降低高空坠落的安全隐患。

养护风衣采用防雨绸作为材料,其材料韧性较好,面料结实耐用,可以重复使用,相比较以往的一次性塑料薄膜,可减少白色污染,节能环保。

8. 实施情况(图 3-42)

a)　　　　　　　　　　　　　　b)

图 3-42　桥墩风衣养护

十五、预制梁外露模板钢筋孔止浆塞防漏浆工艺

1. 基本信息

工艺名称：预制梁外露模板钢筋孔止浆塞防漏浆工艺。
建设单位：广东惠清高速公路有限公司。
创新单位：中铁十七局集团有限公司汕湛高速公路惠清项目 TJ16 标项目经理部。
应用情况：在惠清高速公路项目 TJ16 标应用。

2. 一般要求

预制梁混凝土浇筑及拆模后无漏浆、离析、蜂窝麻面现象。

3. 机械配备

防漏浆止浆塞。

4. 工艺流程

预制梁模板安装固定→外露模板钢筋加套止浆塞→安装止浆塞背肋固定。

5. 技术标准

满足现行《公路桥涵施工技术规范》和《公路工程质量检验评定标准》的要求。

6. 工艺要点

定制止浆塞,止浆塞材质为橡胶材质,止浆塞为中心带孔的圆环形,外直径为5cm,内直径比外露钢筋直径略小且保证易套入外露钢筋。止浆塞套入外露钢筋并紧贴模板后,在止浆塞外加设背肋,防止止浆塞在混凝土振捣过程中滑出。

7. 效率提升

对于外露钢筋预留孔一般采用传统的泡沫胶封堵工艺,混凝土振捣施工过程中部分有脱落的现象,造成此处出现漏浆现象,且泡沫胶极易侵入混凝土。采用预制梁外露模板钢筋孔止浆塞防漏浆工艺措施,有效地防止外露钢筋处混凝土中的胶凝材料在混凝土振捣过程中从模板外露钢筋预留孔中流失,导致局部混凝土离析而外露粗集料或蜂窝麻面,改善了外露钢筋出混凝土施工质量。

8. 实施情况(图3-43)

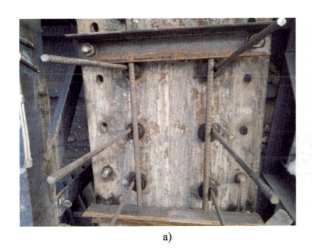
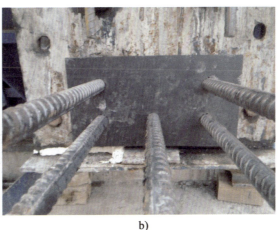

a)   b)

图3-43 预制梁外露模板钢筋孔止浆塞防漏浆工艺

十六、预制梁顶板钢筋防上浮工艺

1. 基本信息

工艺名称:预制梁顶板钢筋防上浮工艺。
建设单位:广东惠清高速公路有限公司。
创新单位:中铁十七局集团有限公司汕湛高速公路惠清项目TJ16标项目经理部。
应用情况:在惠清高速公路项目TJ16标应用。

2. 一般要求

预制梁顶板钢筋净保护层设计底面30mm,顶面25mm,偏差值 -7 ~ +10mm。

3. 机械配备

DN20(6分管)钢管、双头拉杆。

4. 工艺流程

湿接缝外露钢筋中间横穿DN20(6分管)钢管→安装双头拉杆→拧紧双头拉杆。

5. 技术标准

满足现行《公路桥涵施工技术规范》和《公路工程质量检验评定标准》的要求。

6. 工艺要点

在外模竖向支撑处依据双头拉杆长度设置拉环。将DN20(6分管)钢管横穿湿接缝外露钢筋,将双头拉杆一端拉住DN20(6分管)钢管,一端拉住外模处拉环(图3-44),然后适当拧紧拉杆,使其受力即可,注意不能过分受力。

7. 效率提升

采用传统压杠工艺会造成翼板钢筋上浮。梁体结构尺寸有偏差,梁高会偏大2cm左右。采用顶板钢筋防上浮工艺后,保证预制梁顶板钢筋在混凝土浇筑过程中不上浮,确保顶板钢筋位置,有效控制梁板高度,保证了顶板钢筋保护层厚度,提升了合格率。

8. 实施情况(图3-44)

图3-44 预制梁顶板钢筋防上浮工艺

十七、预制小箱梁湿接缝钢筋"OC"式花兰固定装置

1. 基本信息

工艺名称:预制小箱梁湿接缝钢筋"OC"式花兰固定装置。

建设单位:广东惠清高速公路有限公司。

创新单位:中铁十二局集团有限公司汕湛高速公路惠清项目TJ18标项目经理部。

应用情况:在惠清高速公路项目 TJ18 标应用。

2. 一般要求

本装置适用于由钢模拼装预制的小箱梁外露湿接缝钢筋的固定。

3. 机械配备

电焊机 1 台。

4. 工艺流程

用 φ10 钢筋制作 U 形筋,穿过"OC"形"O"一侧花兰,然后将 U 形筋焊接在模板上,使花兰具有活动性,间距 2m 布设一个;φ50 钢管穿入外露湿接缝钢筋内侧,通过固定在模板上的"OC"形花兰,用 S 形拉钩连接,将钢管拉紧,确保湿接缝钢筋固定好,以防钢筋上浮,保证顶板湿接缝钢筋线形及保护层合格率。

5. 技术标准

满足现行《公路桥涵施工技术规范》和《公路工程质量检验评定标准》的要求。

6. 工艺要点

主要构件为花兰螺钉,选择"OC"形主要因为与模板固定端不经常拆卸,用 U 形钢筋永久固定在模板上即可,另一端可以随时根据钢筋位置,用兰花活动端通过 S 形钢筋连接钢管,用紧线功能调整钢筋线形平顺。

7. 效率提升

通过该装置施工的预制小箱梁湿接缝钢筋保证了湿接缝钢筋线形平顺,提高钢筋保护层的合格率,避免了钢筋上浮、露筋的现象;通过钢管的压力,能够再次加强内模的稳定性,防止内模上浮导致的梁面超高、顶板厚度不足、不平整现象。

8. 实施情况(图 3-45~图 3-47)

图 3-45 湿接缝钢筋"OC"式花兰固定装置

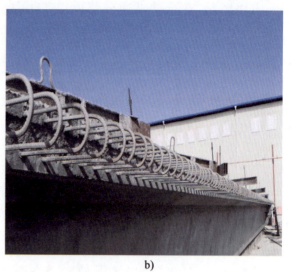

图 3-46　湿接缝钢筋保护层控制较好

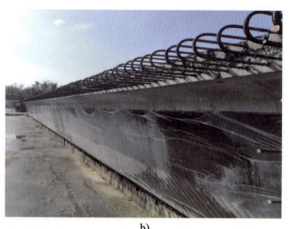

图 3-47　浇筑完成后湿接缝钢筋线形顺直

十八、桥面中央分隔带安全通道

1. 基本信息

工艺名称：桥面中央分隔带安全通道。

建设单位：广东惠清高速公路有限公司。

创新单位：中交第二公路工程局有限公司汕湛高速公路惠清项目 TJ3 标项目经理部。

应用情况：在惠清高速公路项目 TJ3 标应用。

2. 一般要求

根据现行《广东省高速公路工程施工安全标准化指南》(第二册　安全技术)要求，桥面中央分隔带处未进行防撞护栏施工前,中央分隔带位置应设置人行通道,便于人员通行。

3.机械设备

二氧化碳保护焊、切割机、电钻。

4.工艺流程

材料准备→制作通道→制作踏板→制作护栏→连接各构件→满铺竹胶板。

5.技术标准

(1)桥面中央分隔带安全通道(无防撞护栏)主要由踏步、通道和护栏组成,采用焊接方式连接。

(2)踏步、通道和护栏的框架均采用60mm×40mm×2.5mm的矩形方管制作。

(3)通道长度根据桥面中央分隔带两片梁板内侧预留钢筋的间距确定,宽度为1m,中间设置2道横撑,通道高度为0.4m;踏板长度为1m,宽度和高度均为200mm;栏杆高度为1m,栏杆中间设置中横杆。

(4)通道和踏步上覆盖20mm厚的竹胶板;栏杆上挂设"人行通道"标志牌。

(5)安全通道表面涂刷红白相间警示漆。

(6)桥面中央分隔带安全通道(有防撞护栏)主要由斜梯、通道和护栏组成。

(7)斜梯由2块钢斜梯组成,钢斜梯有梯梁和踏板构成,梯梁采用60mm×40mm×2.5mm的矩形方管制作,踏板采用3mm厚花纹钢板制作;梯梁上侧水平焊制50mm×30mm×2mm的矩形方管;斜梯宽度为0.5m,踏步宽度和上下间距均为200mm;斜梯倾角(与水平面夹角)为45°~60°。

(8)通道由主框架、横撑和立杆组成,均采用60mm×40mm×2.5mm的矩形方管焊制;通道宽度为1m,主框架设置2道横撑,并铺设20mm厚的竹胶板。通道四角位置设置立杆,立杆高度比防撞栏高50mm,立杆间设置横杆,横杆采用20mm×20mm×1.5mm的方管焊制;立杆上设置把手,把手采用直径为1mm螺纹钢焊制;通道与水平面保持水平。

(9)斜梯与通道两侧边缘均设置高度为1m的护栏,护栏采用20mm×20mm×1.5mm的方管焊制;斜梯与通道采用插销连接,插销采用8mm圆钢制作。

(10)安全通道表面涂刷红白相间警示漆。

6.工艺要点

各构件焊接应牢固;竹胶板应满铺;插销应连接紧固。

7. 实施情况(图 3-48~图 3-50)

a)

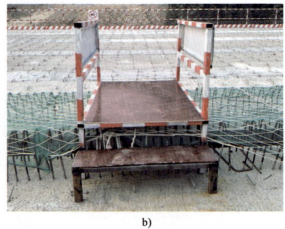
b)

图 3-48　人行通道

a)

b)

图 3-49　桥面中央分隔带安全通道(有防撞护栏)

图 3-50　斜梯与通道连接插销

十九、桥面整体化层侧模采用钢梳齿板

1. 基本信息

工艺名称：桥面整体化层侧模采用钢梳齿板。

建设单位：广东惠清高速公路有限公司。

创新单位：江西省路桥工程集团有限公司汕湛高速公路惠清项目 TJ2 标项目经理部。

应用情况：在惠清高速公路项目 TJ2 标应用。

2. 一般要求

梳齿板齿间距满足钢筋间距规范要求，无变形、弯曲，梳齿板安装直顺、底部与梁面紧贴。

3. 机械配备

不需要专门机械设备。

4. 工艺流程

清洗梁面后，安装梳齿板，然后安装钢筋，再对梳齿板进行调直，底部间隙过大的，用砂浆进行封堵。

5. 技术标准

钢筋间距、保护层厚度符合现行《公路工程质量检验评定标准》及《公路桥涵施工技术规范》的要求。

6. 工艺要点

梳齿板开齿须准确，安装钢筋后需对梳齿板调整直顺，为方便拆除，安装时上部可适当向内倾斜。

7. 效率提升

本工艺采用的梳齿板可利用预制箱梁完成生产后的梳齿板，节约了整体化层侧模的安装人工，减少了混凝土漏浆。并能使桥面整体化层钢筋整齐划一，边缘顺直美观，同时克服该位置采用其他封头方法所致的漏浆、钢筋移位、钢筋变形、混凝土振捣不到位等情况。

8. 实施情况（图 3-51～图 3-55）

图 3-51　疏齿板施工

图 3-52　整体化层钢筋施工

图 3-53　梳齿板安装效果

图 3-54　整体化层施工

图 3-55　施工效果

二十、桥面自动拉毛机

1. 基本信息

工艺名称:桥面自动拉毛机。

建设单位:广东惠清高速公路有限公司。

创新单位:中交路桥建设有限公司汕湛高速公路惠清项目 TJ4 标项目经理部。

应用情况:在惠清高速公路项目 TJ4 标应用。

2. 一般要求

桥面自动拉毛机组成结构为行走、桁架、拉毛、开关控制系统,该设备是专业的桥面拉毛设备。拉毛采用的工具为毛刷,高度可采用螺栓进行调节,灵活控制拉毛深度。

3. 机械配备

桁架式自动拉毛机。

4. 工艺流程

(1)高程带作为行走轨道。

(2)设备吊装、调整后拉毛刷高度。

(3)混凝土最终收面完成后进行拉毛。

(4)拉毛机两端底部设置滚轮进行横向移动。

5. 技术标准

满足现行《公路桥涵施工技术规范》和《公路工程质量检验评定标准》的要求。

6. 工艺要点

(1)根据桥面整体化层厚度调节拉毛机毛刷高度,拉毛机在拉毛过程中应保持平稳,横桥向拉毛,往返各 1 次。

(2)拉毛深度要控制在 1~2mm,拉槽顺直,深度统一。

(3)拉毛机毛刷行进速度不应太快,对于毛刷高度应控制准确,严格控制拉槽深度及拉毛次数,确保拉毛到位,提高桥面铺装层与整体化层黏结质量。

7. 效率提升

与传统施工作业平台相比,人工少,性价比更高,平台安装更方便快捷,施工效率提高。往常采用人工拉毛至少需 2 人移动拉毛架,1 人进行拉毛,采用此设备 1 人既可完成相应操作,实现了桥梁拉毛的自动化控制,大大提高了施工效率。

8. 实施情况(图 3-56 ~ 图 3-59)

图 3-56　桥面自动拉毛机桁架

图 3-57　拉毛机控制开关

图 3-58　桥面自动拉毛机行走系统

图 3-59　桥面拉毛效果图

二十一、SAP 内养护混凝土技术

1. 基本信息

工艺名称:SAP 内养护混凝土技术。

建设单位:广东惠清高速公路有限公司。

创新单位:广东省长大公路工程有限公司汕湛高速公路惠清项目TJ5标项目经理部。

应用情况:在惠清高速公路项目TJ5标应用。

2. 一般要求、工艺流程和要点

针对桥梁隧道构造物混凝土各类减缩措施存在的问题,从美国引进混凝土养护减缩新技术——超吸水性聚合物(简称"SAP")内养护技术,旨在解决常规外部养护对桥、隧混凝土早期减缩防裂效果不佳的难题,不仅能够从根本上实现高效减缩,同时能够大幅增大混凝土材料的水化程度,以提升整体强度及耐久性。此外,在不便进行人工养护的施工条件下,内养护也可缓解由于养护不足而造成的早期开裂。

该技术关键在于:①确定了南方湿热环境下SAP内养护水泥基材料释水自发条件及适用参数范围;②提出针对南方湿热地区的桥梁、隧道混凝土组成设计方法;③SAP释水行为作用下桥梁、隧道混凝土内部水分迁移路径的多角度表征,揭示SAP-桥、隧混凝土基于裂缝抑制的增强机理;④确定SAP内养护桥、隧混凝土最佳施工参数范围,从而保证SAP内养护桥梁、隧道混凝土的抗裂性能。

3. 创新点

针对桥梁、隧道不同部位(主梁湿接缝、横隔板、整体化层、支护及衬砌等)混凝土工况,提出南方湿热地区SAP内养护桥梁、隧道混凝土组成设计方法及重点控制指标;基于普通水泥基材料水分传输模型,引入内养护水等效扩散系数,建立SAP-水泥基材料内部水分传输非线性模型;提出南方湿热地区SAP内养护桥梁、隧道混凝土施工工艺。

4. 效率提升

通过桥面及隧道二次衬砌工程的室内试拌试验,以及现场正式拌和浇注,确定了SAP最佳粒径以及掺量,并提出了最佳拌和次序、拌和时间等施工工艺。桥面整体化层和隧道二次衬砌表面在浇注后未出现任何裂纹,说明SAP的加入有效抑制了桥隧混凝土早期开裂,体现了技术先进性。

同时,SAP材料成本低廉,其内养护混凝土早期开裂问题有效缓解,减少后期维护费用,具有明显的经济效益和社会效益。

5. 实施情况(图 3-60、图 3-61)

a) b)

图 3-60　SAP 内养护水泥混凝土桥面浇注后表面图

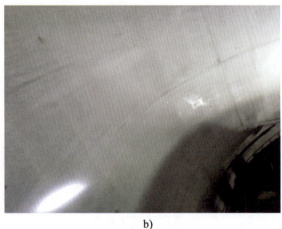

a) b)

图 3-61　SAP 内养护水泥混凝土隧道二次衬砌浇注后表面图

二十二、桥面装配式护栏

1. 基本信息

工艺名称:桥面装配式护栏。

建设单位:广东惠清高速公路有限公司。

创新单位:广东省长大公路工程有限公司汕湛高速公路惠清项目 TJ5 标项目经理部。

应用情况:在惠清高速公路项目 TJ5 标应用。

2. 一般要求

(1)护栏高 1.2m、长 2m,为钢制结构。

（2）整体由3部分组成,为栏杆、栏板、底座。

（3）栏杆为直径45mm钢管,挂扣用6mm钢板弯成;栏板四周由40mm×40mm×2mm方钢制成,钢网用2mm冷拉铁丝制成,挂扣用6mm钢板弯成;底座用48mm钢管制成,两边支架用25mm×25mm×3mm方钢制成,两支撑用12mm圆钢制成。

3.工艺流程

护栏设计→生产加工→桥面安装。

4.技术标准

符合《广东省高速公路工程施工安全标准化指南》(2017)关于桥面施工安全控制的要求。

5.效率提升

桥面装配式护栏具有经济实用、安装拆卸方便、稳定耐久、适应线形需要以及可循环利用等优点。

6.实施情况(图3-62)

图3-62 桥面装配式护栏

二十三、湿接缝塑料模板施工工艺

1.基本信息

工艺名称:湿接缝塑料模板施工工艺。

建设单位:广东惠清高速公路有限公司。

创新单位:中铁四局集团有限公司汕湛高速公路惠清项目TJ13标项目经理部。

应用情况:在惠清高速公路项目TJ13标应用。

2.一般要求

（1）模板表面平整度满足规范要求;

（2）方木背带及拉杆布置需进行受力计算。

3.机械配备

不需要机械配备。

4.工艺流程

施工准备→塑料底模安装固定→湿接缝钢筋绑扎→混凝土浇筑→模板拆除。

5. 技术标准

模板安装符合现行《公路桥涵施工技术规范》的要求。

6. 工艺要点

湿接缝钢筋绑扎完成后，采用塑料模板作为底模，用 $\phi 12$ 螺纹钢作为吊杆，每隔 1m 设置一排吊杆，顶部固定在 1.2m 钢管背带上，吊杆分别穿过 PVC 管，模板与梁体的缝隙采用泡沫胶封堵，防止漏浆。

7. 效率提升

(1) 质量提升效果

湿接缝塑料模板施工工艺有效提高了湿接缝浇筑质量，极大地改善了以往采用木模板造成的封堵不严密漏浆问题，提高了湿接缝整体外观质量。

(2) 劳动力优化程度

劳动力统计见表 3-5。

劳 动 力 统 计 表　　表 3-5

序号	工作内容名称	传统施工方法(人)	塑料模板施工方法(人)
1	模板工	3	2
2	架子工	2	1
3	杂工	2	1
	合计	7	4

结合表 3-5 数据，采用塑料模板施工工艺劳动力得到解放，比传统施工方法节省劳动力约 43%。

8. 实施情况（图 3-63）

a)　　　　　　　　　　b)

图 3-63　湿接缝塑料模板

二十四、防撞护栏钢筋定位架施工工艺

1. 基本信息

工艺名称:防撞护栏钢筋定位架施工工艺。

建设单位:广东惠清高速公路有限公司。

创新单位:中铁四局集团有限公司汕湛高速公路惠清项目 TJ13 标项目经理部。

应用情况:在惠清高速公路项目 TJ13 标应用。

2. 一般要求

(1)按照设计图纸设计钢筋定位架。

(2)使用时必须调整水平。

3. 机械配备

不需要机械配备。

4. 工艺流程

测量放样→基面处理→钢筋绑扎→模板安装→混凝土浇筑→拆模→养护。

5. 技术标准

钢筋定位施工符合现行《公路桥涵施工技术规范》的要求。

6. 工艺要点

护栏钢筋安装前,需在桥面铺装上每隔 5m 放出护栏轮廓线,并采用墨斗进行弹线,在每隔 5m 位置利用定位架进行定位,安装标准段钢筋,再拉 2 条通线安装其他位置钢筋。防撞护栏钢筋定位架工作要点为:

(1)利用底座对齐防撞护栏底部轮廓线;

(2)在立杆上放置水平尺,利用后方调节螺杆进行调平,将定位架放置设计位置;

(3)按照设计图纸在立杆上将护栏钢筋与立杆距离采用定位杆进行定位对齐,并设置 3 处定位杆,确保定位效果。

7. 效率提升

(1)质量提升效果

防撞护栏钢筋定位架施工工艺有效提高了防撞护栏钢筋定位质量,极大地改善了以往护栏钢筋保护层合格率低的问题,提高了护栏钢筋安装效果。

(2)劳动力优化程度

劳动力统计见表3-6。

劳 动 力 统 计 表　　　　　　　　　　　表 3-6

序号	工作内容名称	传统施工方法(人)	钢筋定位架施工方法(人)
1	钢筋工	2	1

结合表3-6数据,采用防撞护栏钢筋定位架施工工艺劳动力得到解放,比传统施工方法节省劳动力约50%。

8. 实施情况(图3-64、图3-65)

图3-64　防撞栏钢筋安装

图3-65　防撞栏钢筋安装效果图

二十五、防撞护栏断缝施工工艺

1. 基本信息

工艺名称:防撞护栏断缝施工工艺。

建设单位:广东惠清高速公路有限公司。

创新单位:中铁四局集团有限公司汕湛高速公路惠清项目 TJ13 标项目经理部。

应用情况:在惠清高速公路项目 TJ13 标应用。

2. 一般要求

(1)根据防撞护栏模板设计断缝钢板几何尺寸。

(2)断缝处水平钢筋自行断开。

3. 机械配备

安装断缝钢板无须机械辅助,抽拔时需装载机或叉车拔出。

4. 工艺流程

护栏模板安装→安装断缝钢板(两边低中间高)→连接法兰固定→浇筑混凝土→拔出断缝钢板。

5. 技术标准

断缝尺寸满足设计要求,不得出现漏浆现象,并保证护栏线形平顺。

6. 工艺要点

在防撞护栏模板设计时,需将模板长度组合为 5m 的倍数,方便进行断缝位置调整,防撞护栏断缝设置要点如下:

(1)加工定做 3 块 3mm 钢板,并加工成与防撞护栏断面大小一致的模具,在外侧设置与模板法兰大小一致的螺栓孔,顶部设置吊装孔,中间块设置高出 5cm;

(2)将三块钢板互相之间涂抹黄油,在需要断缝位置与模板进行连接安装;

(3)护栏混凝土浇筑完成后,将模板拆除后利用装载机将钢板吊出,形成断缝。

7. 效率提升

(1)质量提升效果

防撞护栏断缝施工工艺有效提高了防撞护栏断缝处整体外观质量,极大地改善了以往护栏断缝处缺边掉角、缝宽不一致、线形差等问题。

(2)劳动力优化程度

劳动力统计见表3-7。

劳 动 力 统 计 表　　　　　　　　　　　　　表3-7

序号	工作内容名称	传统施工方法(人)	钢板组合施工方法(人)
1	杂工	2	1

结合表6-7数据,采用防撞护栏断缝施工工艺劳动力得到解放,比传统施工方法节省劳动力约50%。

8. 实施情况(图3-66、图3-67)

图3-66　防撞护栏断缝施工

图3-67　防撞护栏断缝效果图

二十六、防撞护栏滴管养护

1. 基本信息

工艺名称:防撞护栏滴管养护。

建设单位:广东惠清高速公路有限公司。

创新单位:中交第二公路工程局有限公司汕湛高速公路惠清项目TJ3标项目经理部。

应用情况:在惠清高速公路项目TJ3标应用。

2. 一般要求

防撞护栏滴漏养护是在护栏模板拆除后,使用处理后的PVC管对防撞护栏进行滴漏养护。

3. 机械设备

PVC管滴管加工设备。

4. 工艺流程

使用30m长、内径6分的管作为滴漏管,每隔1m钻一直径2mm滴漏孔,对一端进行封堵,另外一端安装阀门并使用软管与总水管相连接。使用时打开滴漏管阀门即可进行养护滴漏。

5. 技术标准

(1) PVC管应使用标准连接头进行丝头连接,不得采用热熔法以免后期无法更换。

(2) 2mm滴漏孔应位于同一直线,确保滴漏位置均匀无浪费。

(3) 连接软管采用钢丝软管,防止水压过大造成软管破裂并延长使用时间。

6. 工艺要点

(1) 操作简单,安装便捷,实用性强,只需将PVC管连接至供水管上,调节好需要的角度,即可实现自动养护,无须安排专人对护栏洒水养护;

(2) 能够保证护栏养护期内表面完全湿润,有限抑制裂缝;

(3) 材料为工程PVC管,耐腐蚀,不易损坏。

7. 效率提升

采用防撞护栏滴管养护工艺后,项目节约养护人员1人,洒水车1辆,养护效果显著提升,避免了人工养护带来的不确定性与养护不及时,可实现24h循环养护,护栏强度提升时间显著缩短。

8. 实施情况(图3-68)

a) b)

图3-68 防撞护栏滴管养护(护栏覆盖土工布)

二十七、桥面铺装四辊轴摊铺机施工工艺

1. 基本信息

工艺名称:桥面铺装四辊轴摊铺机施工工艺。

建设单位:广东惠清高速公路有限公司。

创新单位:汕湛高速公路惠清项目 TJ16 标项目经理部。

应用情况:在惠清高速公路项目全线推广应用。

2. 一般要求

桥面铺装宜在全桥宽上同时进行,混凝土铺设要均匀,要用振动器压实,并用平板整平。

3. 机械配备

四辊轴摊铺机。

4. 工艺流程

轨道布设→混凝土布料→粗平→二次振捣精平→收面→铣刨。

5. 技术标准

满足现行《公路桥涵施工技术规范》和《公路工程质量检验评定标准》的要求。

6. 工艺要点

在桥面铺装施工时均匀布料,使用四辊轴摊铺机框架式整平机对混凝土进行振捣、粗平;然后对混凝土进行二次振捣并精平;该机械为桁架式结构,自重大,在振捣过程中能对混凝土起到压实的作用。浇筑完成后采用驾驶型双盘抹光机收面,驾驶型双盘抹光机底盘直径接近 2m,能够保证收面的平整度。

7. 实施情况(图 3-69)

图 3-69　人工均匀布料,四辊轴摊铺机振捣

二十八、现浇梁保护层控制(垫块摆放技巧)

1. 基本信息

工艺名称:现浇梁保护层控制(垫块摆放技巧)。
建设单位:广东惠清高速公路有限公司。
创新单位:中铁十八局集团有限公司汕湛高速公路惠清项目TJ17标项目经理部。
应用情况:在惠清高速公路项目TJ17标应用。

2. 一般要求

大体积混凝土(特别是现浇梁施工)保护层控制要求合格率较高,经检测混凝土钢筋保护层合格率不小于75%。垫块水平方向布置每平方米不少于6个,竖直方向布置每平方米不少于4个,按梅花形摆放。

3. 工艺流程

在大体积混凝土(现浇箱梁)底模铺设完成(预压、高程及线形调整完成)后,开始铺设底板及腹板钢筋时,伴随每一根横向钢筋摆放混凝土垫块,两端起始间距不大于50cm,中间横向间距不大于1m进行布置。待第一层钢筋网片形成时,统一斜向45°移动保护层垫块。

4. 技术标准

在施工过程中严格控制垫块的数量和间距,垫块摆放施工及钢筋整体绑扎完成后,简易工具及施工人员通行。施工过程中,不宜破碎,抗压强度较高,混凝土浇筑完成后检验合格率高。

5. 效率提升

在施工过程中不需要机械辅助施工简单、方便快捷,在钢筋绑扎时依次顺序操作、均衡布置、无盲区、能够保证相应的数量要求,不需用二次补加垫块、不需要单独增加人员和花费过多施工时间、提高了施工效率和成品保护层的质量要求及合格率。

功效合格率效率对比见表3-8。

功效合格率效率对比　　　　表3-8

工作内容	施工方法及工艺	合格率(%)
传统保护层控制	施工过程布置钢筋施工完成后补加	75~90
新型垫块布置后	在底板及腹板钢筋绑扎时同时布置,一次性完成	95~100

6. 实施情况(图 3-70)

图 3-70 现浇梁保护层控制

二十九、防撞护栏底部防漏浆装置

1. 基本信息

工艺名称：防撞护栏底部防漏浆装置。

建设单位：广东惠清高速公路有限公司。

创新单位：中铁十二局集团有限公司汕湛高速公路惠清项目 TJ18 标项目经理部。

应用情况：在惠清高速公路项目 TJ18 标应用。

2. 一般要求

本装置适用于高速公路两端，定型模板现浇防撞护栏工程。

3. 机械配备

电焊机 1 台。

4. 工艺流程

防撞护栏底部防漏浆装置采用[50槽钢牢固焊接于防撞护栏模板底部,将3cm×4.5cm的硬质止浆条紧密地嵌入槽钢内,采用稍大于槽钢内径的止浆条确保止浆条能够紧密嵌入槽钢内。

5. 技术标准

利用防撞护栏模板重力的作用,使止浆条与梁面密贴、无缝隙。满足现行《公路桥涵施工技术规范》和《公路工程质量检验评定标准》的要求。

6. 工艺要点

止浆条尺寸要大于槽钢内净空尺寸,使止浆条外露槽钢下面,达到用模板自重挤压止浆条密封模板缝的作用。

7. 效率提升

该装置只需在模板上焊接[50槽钢并嵌入止浆条,相比较采用聚氨酯泡沫填缝剂进行填塞,每30m可以节约成本约200元。循环使用,减少了资源浪费。

8. 实施情况(图3-71~图3-73)

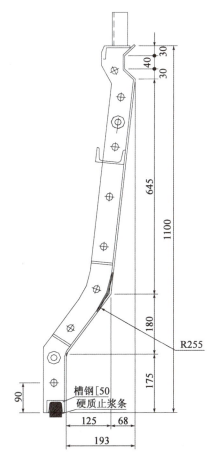

图3-71 防撞护栏模板图(尺寸单位:mm)

图3-72 防撞护栏底部防漏浆装置

图3-73 防撞护栏底部无漏浆现象

三十、防撞护栏"夹心"式断缝装置

1. 基本信息

工艺名称：防撞护栏"夹心"式断缝装置。

建设单位：广东惠清高速公路有限公司。

创新单位：中铁十二局集团有限公司汕湛高速公路惠清项目TJ18标项目经理部。

应用情况：在惠清高速公路项目TJ18标应用。

2. 一般要求

高速公路两侧防撞护栏预留施工缝的施工。

3. 机械配备

装载机一台。

4. 工艺流程

使用螺栓将放置在防撞护栏断缝处的A、B、C三块钢板固定，A钢板与B钢板、B钢板与C钢板之间涂抹黄油（润滑脂），A钢板与C钢板的另一侧涂抹脱模剂（植物油），拆除模板时，通过润滑脂的强润滑和密封作用，将B钢板抽出，利用B钢板抽出的空隙可以轻易地取出A、C钢板，实现护栏断缝实用和美观的效果。

5.技术标准

满足现行《公路桥涵施工技术规范》和《公路工程质量检验评定标准》的要求。

6.工艺要点

3个断缝钢板尺寸一致,两侧端头断缝钢板厚度为3mm。因中间断缝钢板需要及时抽出,所以该钢板两侧需涂抹黄油(润滑脂),钢板上需要焊接吊环,便于拉出。

7.效率提升

防撞护栏"夹心"式断缝装置,可节省钢板之间填充物泡沫板的材料用量,拆模后能省去清除填充物泡沫板的人工及时间,且润滑脂能循环使用,减少施工成本,提高了施工效率,既能保证断缝达到实用的效果,又能使断缝位置线形顺直美观。

8.实施情况(图3-74~图3-76)

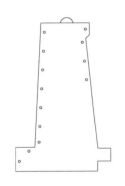 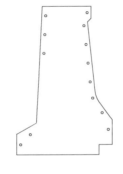 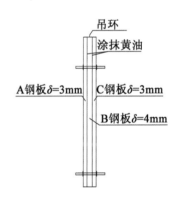

图3-74 B断缝板钢板大样图　　图3-75 A、C断缝板钢板大样图　　图3-76 防撞护栏"夹心"式断缝装置

第四章 涵洞工程

一、盖板涵沉降缝沥青贴防水处理

1. 基本信息

工艺名称:盖板涵沉降缝沥青贴防水处理。
建设单位:广东惠清高速公路有限公司。
创新单位:江西省路桥工程集团有限公司汕湛高速公路惠清项目 TJ2 标项目经理部。
应用情况:在惠清高速公路项目 TJ2 标应用。

2. 一般要求

宽度不小于设计,粘贴紧密,无空鼓、开裂、漏水现象。

3. 机械配备

不需要专门机械设备。

4. 工艺流程

根据设计防水宽度,裁剪或选择所需要宽度的沥青贴待用;

用钢丝刷将混凝土表面轻刷一遍,去除浮动尘粒,均匀涂刷一层热沥青;

揭开沥青贴一面的隔离纸的一段,沿沉降缝用力将胶贴按在混凝土表面上,并用橡皮榔头捶打,之后边揭隔离纸边用力捶打,使胶贴完全粘贴在立面上,不能预先一次性揭去全长隔离纸。

当施工温度过低时可用烘枪烘烤,边烤边粘贴,或用钉将预置胶贴钉在立面上。

5. 技术标准

符合现行《公路工程质量检验评定标准》及《公路桥涵施工技术规范》的要求。

6. 工艺要点

注意粘贴时沥青贴需直顺、粘贴紧密。

7. 效率提升

沥青贴能自行愈合较小的穿刺破损,可自动填塞愈合较小的裂缝,防水效果佳;施工工艺简单,不会对环境造成污染;虽材料比传统三油两毡略贵,但人工投入少、无设备投入,总体成本与三油两毡相差不大。

8. 实施情况(图 4-1)

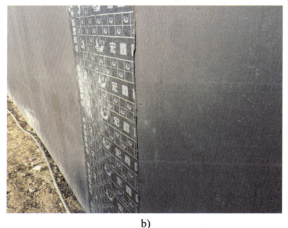

图 4-1　沥青贴粘贴紧密、牢固,外观整齐美观

二、盖板涵洞台帽采用定位箱盒施工

1. 基本信息

工艺名称:盖板涵洞台帽采用定位箱盒施工。

建设单位:广东惠清高速公路有限公司。

创新单位:中铁四局集团有限公司汕湛高速公路惠清项目 TJ13 标项目经理部。

应用情况:在惠清高速公路项目 TJ13 标应用。

2. 一般要求

(1)根据涵洞台帽尺寸设计定位箱盒;

(2)定位箱盒受力情况需进行验算。

3.机械配备

定位箱盒安装采用吊车吊装。

4.工艺流程

安装涵身模板→安装台帽定位箱盒→浇筑混凝土→拆除台帽定位箱盒。

5.技术标准

符合现行《公路工程质量检验评定标准》及《公路桥涵施工技术规范》的要求。

6.工艺要点

定位箱盒采用18mm厚竹胶板+方木(或钢筋龙骨)加工制作,截面尺寸根据涵台盖板底座及高度确定。针对涵洞台帽高度小于50cm,定位箱盒内支撑骨架采用5cm×5cm方木进行加固;针对涵洞台帽高度大于50cm,定位箱盒内支撑骨架采用5cm×5cm方木配钢筋龙骨进行加固;涵洞台身立模后,采用汽车吊将预制的定位箱盒吊装至台身端头L形模板顶部,采用钢管配木销进行顶部锁扣,达到涵洞台帽与台身一次浇筑。

每套"定位箱盒"可反复使用多次,施工简便、工效大大提高,并能保证涵台台身、台帽一次浇筑,减少二次浇筑工序。

7.效率提升

(1)质量提升

采用安装定位箱盒的方法施工台帽,可对涵洞台帽精确定位控制,确保台帽浇筑后尺寸准确,表面混凝土平整、竖直。保证了涵洞台身与台帽一次连续浇筑,避免传统工法施工产生的涵洞台身与台帽分次浇筑产生的施工缝、混凝土捣鼓不到位出现蜂窝麻面、台帽模板加固不牢固引起跑模、胀模及盖板底座高低不平、二次修整或返工等问题出现。

(2)施工安全改善程度

台帽定形箱盒采用25t汽车吊直接吊装至涵台台身模板处,内卡在封端模板及台身模板之间,顶部采用钢管进行锁扣,钢管与定位箱盒顶面空隙采用木销加固。减少了由于拼装台帽模板的高空作业时间过长而产生的模板吊装、拼装的不安全因素。

(3)劳动力优化程度

台帽定位箱盒施工与传统施工方法劳动力统计见表4-1。

台帽定位箱盒施工与传统施工方法劳动力统计表　　表4-1

序号	工作内容名称	传统施工方法(人)	定位箱盒施工方法(人)
1	模板工	6	2
2	架子工	4	3

续上表

序号	工作内容名称	传统施工方法(人)	定位箱盒施工方法(人)
3	杂工	2	1
	合计	12	5

结合表 4-1 数据,采用创新施工工艺——涵洞台帽定位箱盒劳动力得到解放,比传统施工方法节省劳动力约 58%。

(4)工效提高程度

普通台帽施工与定位箱盒施工工效对比见表 4-2。

台帽定型箱盒施工与传统施工方法工效对比表　　表 4-2

序号	工作内容名称	传统施工方法	定位箱盒施工方法
1	模板安装	6 名工人进行大小里程涵洞台帽模板拼装	只需要 2 名工人吊车配合安装便可
2	模板校位	安装后需 2 名工人带线,进行模板调整,需 2h	安装后基本无须再做校正
3	台帽混凝土浇筑	待台身混凝土浇筑后,中间需间歇最少 2h 后方可对台帽混凝土浇筑	一次从台身至台帽连续浇筑,无须间歇
4	模板拆除	大小里程涵洞台帽需 6 人配合吊车进行拆除	待下一节涵身台帽施工直接吊装

由表 4-2 可看出:

①采用单块模板拼装时间长,并且台帽尺寸较小,需要异形模板较多,作业人员多,汽车吊占用时间长;

②采用定位箱盒施工涵洞台帽时,可实现涵台台身、台帽一次性浇筑,减少工序。

8.实施情况(图 4-2)

a)

b)

图 4-2

c)　　　　　　　　　　　　　　　　d)

图 4-2　盖板涵洞台帽采用定型箱盒施工

三、涵洞墙身采用大块整体模板

1. 基本信息

工艺名称：涵洞墙身采用大块整体模板。

建设单位：广东惠清高速公路有限公司。

创新单位：广州市公路工程公司汕湛高速公路惠清项目 TJ15 标项目经理部。

应用情况：在惠清高速公路项目 TJ15 标应用。

2. 一般要求

断面尺寸符合设计要求，表面平整、密实，无明显错台。

3. 机械配备

采用常规机械设备。

4. 工艺流程

盖板涵墙身施工采用大面积不锈钢模板（3m×2.5m），为保证拼装后的表面平整度和模板拼缝效果，采用加固[12a 槽钢横纵向分别布置，纵向每 1m 设置一道，横向每 80cm 设置两道，采用螺栓锚固与焊接结合的方式与模板相连。

5. 技术标准

符合现行《公路工程质量检验评定标准》及《公路桥涵施工技术规范》的要求。

6. 工艺要点

提前做好拼装场地，模板加固在平整的场地上进行。槽钢与模板背肋采用螺栓连接，横向两根槽钢用钢板焊接成整体,两槽钢间留出拉杆的位置。横纵向槽钢间也采用焊接的方式连接在一起,形成整体的大块钢模板。

7. 效率提升

后续施工中整体拆除、整体移动、整体安装,保证混凝土表面平整度、垂直度、结构尺寸、外观质量等的稳定性,减少模板拼装时间,提高工作效率,确保涵洞外观无蜂窝麻面、无错台、色泽均匀。

8. 实施情况(图 4-3～图 4-6)

图 4-3　涵洞墙身模板打磨

图 4-4　涵洞墙身模板吊装

图 4-5　涵洞墙身表面平整、无错台

图 4-6　涵洞墙身外观色泽一致

四、盖板涵拉杆孔聚合物砂浆封堵

1. 基本信息

工艺名称:盖板涵拉杆孔聚合物砂浆封堵。

建设单位:广东惠清高速公路有限公司。

创新单位:江西省路桥工程集团有限公司汕湛高速公路惠清项目TJ2标项目经理部。

应用情况:在惠清高速公路项目TJ2标应用。

2. 一般要求

砂浆密实饱满,表面平整,无开裂现象,颜色与结构物表面相近。

3. 机械配备

不需要专门机械设备。

4. 工艺流程

首先对拉杆孔进行清理干净,然后将拌和后的聚合物水泥砂浆填塞入拉杆孔至饱满,并用抹刀压平抹光。

5. 技术标准

符合现行《公路工程质量检验评定标准》及《公路桥涵施工技术规范》的要求。

6. 工艺要点

聚合物砂浆防水抗渗效果好,黏结强度高,能与结构形成一体,抗腐蚀能力强,耐高湿、耐老化、抗冻性好。

7. 效率提升

本工艺采用的联合物砂浆比一般砂浆稍贵,但由于成袋包装,运输、使用方便,减少了浪费,所以成本相差不大;且施工内在、外观质量比一般砂浆有大提升。

8. 实施情况(图4-7、图4-8)

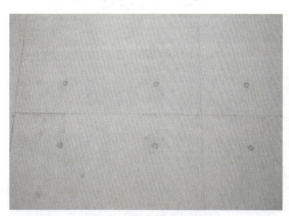

图4-7 拉杆孔防水效果好

图4-8 拉杆孔表面美观

五、可移动式现浇涵洞盖板模板支架的应用

1. 基本信息

工艺名称:可移动式现浇涵洞盖板模板支架的应用。

建设单位：广东惠清高速公路有限公司。

创新单位：广东省长大公路工程有限公司汕湛高速公路惠清项目 TJ5 标项目经理部。

应用情况：在惠清高速公路项目 TJ5 标应用。

2. 一般要求

支架包括多根立杆、横杆及移动轮，立杆为上下均可伸缩的支撑钢管，每根立杆由主管和穿入主管的套管组成，主管和套管通过螺栓连接，立杆下端安装在立杆底座内，上方与立杆顶托连接，轮子为橡胶轮胎。

3. 机械配备

移动式现浇涵洞盖板模板支架。

4. 工艺流程

立杆和横杆的加工及组合→移动轮的加工组装→移动模板支架就位→涵洞盖板现浇施工。

5. 技术标准

符合现行《公路工程质量检验评定标准》的要求。

6. 工艺要点

（1）依据计算出的荷载，结合涵洞净空尺寸，按一定的间距、步距搭设钢管支架，立杆和横杆必须采用直角扣件扣紧。

（2）在支架前后各安装一组轮子，安装位置根据支架的长度具体确定。

（3）调整立杆底座螺杆，使移动轮微抬高，使支架装置在浇筑过程中不会产生位移。

7. 效率提升

（1）操作灵活，方便后期的拆除。

（2）装有移动轮，便于在不同工位之间的移动。

（3）支撑架可反复周转使用，节约成本，降低投入。

（4）加工简单，安装方便，使用安全可靠，提高生产工效，改善工作环境。

8. 实施情况（图4-9）

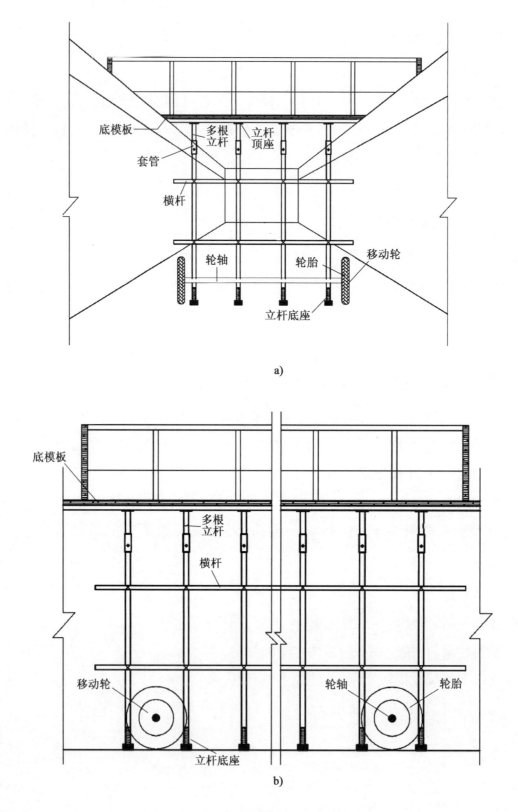

图4-9 可移动式现浇涵洞盖板模板支架图

六、涵洞沉降缝施工工艺

1. 基本信息

工艺名称：涵洞沉降缝施工工艺。
建设单位：广东惠清高速公路有限公司。
创新单位：中铁四局集团有限公司汕湛高速公路惠清项目TJ13标项目经理部。
应用情况：在惠清高速公路项目TJ13标应用。

2. 实际应用

涵洞沉降缝外侧以沥青木板堵塞，内侧堵塞5cm热熔沥青浸制麻絮，涵洞沉降缝缝宽2cm，采用墨斗弹出沉降缝位置，利用手持小型切割机切除缝宽内的多余混凝土，在沉降缝两侧混凝土面上粘贴宽胶带作为防污措施，选用浸泡完全的沥青麻絮填塞沉降缝，最后在沥青麻絮表面均匀涂刮一层优质密封胶。

3. 质量提升效果

采用涵洞沉降缝施工工艺完全保证了沉降缝宽度、深度及线形顺直、美观。该施工工艺避免了传统施工方法出现的涵洞沉降缝不顺直、深度不足、填塞后表面污染严重、表面不平顺、影响美观的现象。

4. 实施情况（图4-10～图4-14）

图4-10 弹墨线

图4-11 切缝

图 4-12 粘贴透明胶带　　　　　　　　图 4-13 填塞沥青麻絮

图 4-14 沉降缝成品

第五章 隧道工程

一、隧道防爆隔音卷帘门

1. 基本信息

工艺名称:隧道防爆隔音卷帘门。

建设单位:广东惠清高速公路有限公司。

创新单位:中铁十二局集团有限公司汕湛高速公路惠清项目TJ18标项目经理部。

应用情况:在惠清高速公路项目TJ18标应用。

2. 一般要求

适用于隧道洞口段需要爆破施工,且洞口附近对噪声要求比较严格的隧道工程噪声防护。

3. 机械配备

汽车吊1辆,电焊机1台。

4. 工艺流程

根据隧道宽度定制符合尺寸的卷帘门→将原有单层卷帘替换成双层辊压成型的卷帘型材,中间填充聚氨酯泡沫→在洞口用槽钢及钢板焊接卷帘门门框→将卷帘门安装在门框中→卷帘门至拱顶处布设活动门帘封闭,并预留通风管道。

5. 技术标准

满足现行《公路隧道施工技术规范》《公路工程质量检验评定标准》和《声环境质量标准》的要求。

6. 工艺要点

卷帘门的门帘材料需采用双层辊压成型的卷帘型材,中间填充聚氨酯泡沫才能起到吸收噪声的要求;拱顶处采用活动门帘封闭,减少噪声的同时,还能降低爆破冲击波对卷帘门的直接冲击作用,延长防爆卷帘门的使用寿命,同时还便于预留隧道通风管道的孔道。

7. 效率提升

隧道内爆破产生的噪声可以由卷帘门进行有效的阻挡,大幅削弱了洞口正对方向的冲击波,减少了隧道周边的噪声污染。

8. 实施情况(图5-1)

图5-1　隧道防爆隔音卷帘门

二、隧道洞口降尘雾帘

1. 基本信息

工艺名称:隧道洞口降尘雾帘。

建设单位:广东惠清高速公路有限公司。

创新单位:中铁十二局集团有限公司汕湛高速公路惠清项目TJ18标项目经理部。

应用情况:在惠清高速公路项目TJ18标应用。

2. 一般要求

适用于隧道洞口端需要洒水降尘的隧道工程。

3. 机械配备

无。

4. 工艺流程

焊接环向PVC管→每隔1m左右设置三通管→三通管处安装雾化喷头→固定管道在隧道洞口处衬砌混凝土内轮廓→将管道入水口与隧道既有供水管道连接→安装阀门。

5. 技术标准

满足现行《公路隧道施工技术规范》和《公路工程质量检验评定标准》的要求,并符合当地环保部门对空气粉尘污染治理的要求。

6. 工艺要点

PVC 管连接时必须连接牢固,确保管道不漏水、无破损。接入水源确保干净、无污染、无杂物,避免对雾化喷头造成堵塞。

7. 效率提升

该装置直接与隧道施工供水管道相连接,设置阀门单独控制,开启后可以在隧道口处形成雾化水幕,有效地起到隧道内喷射混凝土及爆破施工后的降尘功能。无须另外接入动力电源、无须频繁地人工操作挪移位置,制作简单易行,成本低、效果好。

8. 实施情况(图 5-2)

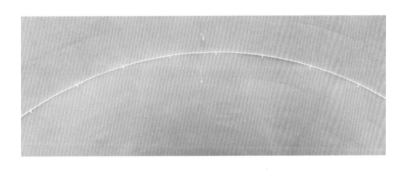

a)

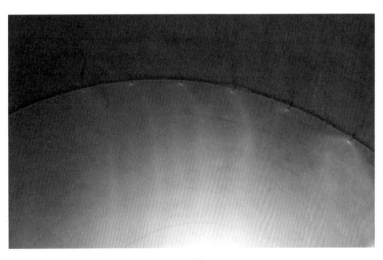

b)

图 5-2 隧道洞口降尘雾帘效果

三、隧道"零开挖"出洞施工工法

1. 基本信息

工艺名称：隧道"零开挖"出洞施工工法。

建设单位：广东惠清高速公路有限公司。

创新单位：中交路桥建设有限公司汕湛高速公路惠清项目TJ4标项目经理部。

应用情况：在惠清高速公路项目TJ4标应用。

2. 一般要求

洞口段地质以强-全风化花岗岩为主，掌子面围岩裂隙水较少，无明显地质断层，施工时加大监控量测频率。采用超前小导管注浆对围岩进行预加固，隧道开挖按架立一榀钢拱架为一循环进尺，开挖后应及时做好初期支护，对锁脚进行加强，仰拱应及时跟进，仰拱距掌子面的距离不得大于40m，二次衬砌距掌子面的距离不得大于70m。隧道"零开挖"出洞施工工法下台阶和中台阶拉开5m，中台阶和上台阶拉开5m的距离。

3. 机械配备

机械配备见表5-1。

机械配备　　　　　　　　　　　表5-1

序号	设 备 名 称	规　格	单　位	数　量
1	挖掘机	PC220-7	台	1
2	装载机	ED600t	台	1
3	自卸汽车	15t	台	3
4	手持钻机	ZQ4132	台	5
5	注浆机	HFV-5D	台	1
6	工字钢冷弯机	100t	台	1
7	等离子切割机		台	1

4. 工艺流程

隧道"零开挖"出洞施工工法是将大断面划分成自上而下的3个小单元进行开挖，缩小开挖断面，采用临时仰拱使每个小单元及时封闭成环，形成环向受力，有效地发挥初期支护整体受力效果，保护围岩的天然承载力，有效抑制围岩变形，阻止支护结构变形。此工法下台阶对中台阶起到核心土作用；中台阶对上台阶起到核心土作用，可有效减小围岩掌子面纵向推力，保证初期支护的稳定和洞内施工安全。

超前支护及初期支护采用ϕ50超前注浆小导管，上台阶、中台阶临时仰拱采用I16型钢，间距0.5m，喷射18cm C25混凝土。

隧道"零开挖"出洞施工工法施工工序如图5-3。

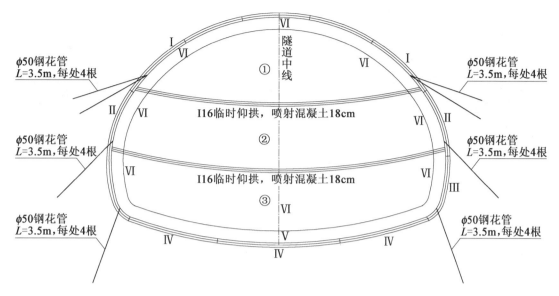

图5-3 "零开挖"出洞施工超前支护设计

出洞施工工序(图5-4、图5-5)如下：

(1)在出洞口段，暂停中下台阶开挖，上台阶开挖出洞，做好初期支护，临时仰拱闭合成环。

(2)暂停该段施工，将施工所需的风、水、电等接至边仰坡，施作洞顶截水天沟及洞口边坡防护。

(3)施作该段暗洞中下台阶及仰拱，直至全断面出洞。

(4)开挖洞口明洞段并及时施作明洞仰拱衬砌。

(5)施作暗洞及明洞二次衬砌。

(6)施作洞门端墙。

(7)施作洞顶明洞段回填。

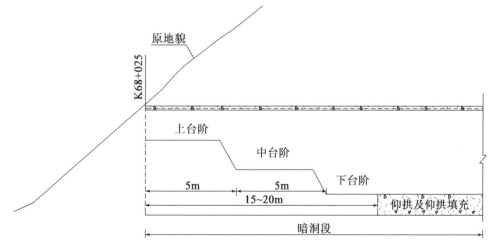

图5-4 "零开挖"出洞施工开挖步距设计

a)   b)

图 5-5 "零开挖"出洞施工开挖施工

5. 技术标准

隧道"零开挖"出洞施工工法应严格符合下列现行规范、标准的要求。

(1)《公路隧道设计规范》。

(2)《公路隧道设计细则》。

(3)《公路工程技术标准》。

(4)《公路隧道施工技术规范》。

(5)《公路工程质量检验评定标准》。

(6)《公路工程施工安全技术规程》。

(7)《公路隧道施工技术细则》。

6. 工艺要点

(1)施工中应做好监控量测,时时掌握围岩动态,保证量测数据及时并准确。

(2)出洞口段地形高低不平,初期支护时,局部地方外露,施工时做好防护工作,如遇锁脚外露,应适当调整出洞里程桩号,或采用地基处理加固的方式(依现场实际情况确定)。

(3)应在洞口截水沟施作完成之后再进行出洞施工。

(4)上台阶开挖出洞后,做好洞口段附属设施,再进行下一步施工。

(5)洞口段开挖尽量以机械开挖为主,减少对围岩的扰动。

7. 效率提升

在安全措施得以保障的前提下,该隧道采用三台阶加临时仰拱法"单向零开挖"出洞施工方式,施工进度明显加快。根据实施结果分析,比原设计出洞施工方式提前 1 个月出洞,减小对周边围岩造成的扰动,更好地保证了洞口围岩稳定性,并且在洞内采用超前小导管支护,降低了采用超前大管棚支护过程中钻孔及注浆对周围大气及水系的破坏。洞口段采取此方式出洞,可对挖方进行回填反压利用,减少资源浪费。

8. 实施情况(图 5-6)

图 5-6 "零开挖"出洞实施图

四、隧道开挖软岩双缓冲垫层切缝聚能预裂爆破技术

1. 基本信息

工艺名称:隧道开挖软岩双缓冲垫层切缝聚能预裂爆破技术。
建设单位:广东惠清高速公路有限公司。
创新单位:中交一公局厦门工程有限公司汕湛高速公路惠清项目 TJ9 标项目经理部。
应用情况:在惠清高速公路项目 TJ9 标应用。

2. 一般要求

软岩整体式偏心双缓冲垫层切缝聚能预裂爆破技术运用于各种预裂(光面)爆破的炮孔,适用于松石、坚石、次坚石等各种复杂山体公路隧道或铁路、水电及地下空间工程的各种隧洞、洞库爆破施工。特别适用于节理裂隙比较发育、围岩强度较低的轮廓控制预裂爆破施工,能有效减少超挖、节约工程造价;提高围岩轮廓平整度、减少围岩扰动、有效发挥围岩应力拱桥效应、提高隧道施工安全水平。

3. 机械配备

炸药加工台架、切割机、PVC 管、工具刀、电工胶。

4. 工艺流程

场地布置→PVC 管加工为切缝管→导爆索加工、安装→细分药包加工→切缝聚能装置制作→掌子面钻孔、清孔→切缝聚能装置现场安装→导爆网络连接→爆破。

5. 技术标准

参照现有技术标准、规范等执行。

6. 工艺要点

为了降低爆破扰动,减少围岩爆破破碎圈和松动圈影响深度,提高围岩自稳能力,更好保证隧道口安全,隧道控制爆破必须遵循以下要点:

(1) 降低单点扰动药量(采用细分药包技术)。

(2) 延长爆炸气体作用时间(轴向不耦合技术)。

(3) 降低爆破应力波峰值(双缓冲垫层技术)。

(4) 提高轮廓面平整度(切缝聚能技术)。

(5) 提高围岩应力拱桥效应(双向传爆导爆索预裂爆破网络技术)。

(6) 减少拒爆(复式交叉跨越式网络技术和双向传爆导爆索网络技术)。

(7) 控制爆破技术运用(用技术保障安全的根本手段)。

7. 效率提升

有效减少爆破超挖,减少混凝土消耗,节约工程成本;减少软弱围岩爆破扰动,提高围岩平整度,发挥围岩拱桥应力效应,提升隧道施工安全水平,加快开挖施工速度。

8. 实施情况(图 5-7 ~ 图 5-9)

a)   b)

图 5-7 切缝管制作

图 5-8　导爆网络　　　　　　　　图 5-9　软弱围岩预裂爆破后平整度良好

五、清水自密实混凝土技术

1. 基本信息

工艺名称:清水自密实混凝土技术。

建设单位:广东惠清高速公路有限公司。

创新单位:广东省长大公路工程有限公司汕湛高速公路惠清项目 TJ5 标项目经理部。

应用情况:在惠清高速公路项目 TJ5 标应用。

2. 一般要求

针对二次衬砌混凝土外观质量差、施工冷缝多等问题,研究一种高流动性的清水自密实混凝土技术,在自身重力作用下能够流动、无须振捣而自行达到密实,且成品表面平整光滑、色泽均匀、线条顺直且清晰、布置均匀、气泡均匀且细小。

3. 机械配备

复合不锈钢面板型二次衬砌模板台车见表 5-2。

机械配备　　　　　　　　　　表 5-2

序号	设备工具名称	规格型号	用途
1	复合不锈钢面板型二次衬砌模板台车	长 12m,面板(10+2)mm 不锈钢	隧道二次衬砌施工

4. 工艺流程

衬砌台车不锈钢模板清理→涂装清水脱模剂→台车定位→混凝土制备→混凝土浇注→质量检验。

5. 技术标准

符合现行《公路隧道施工技术规范》《清水混凝土应用技术规程》《自密实混凝土应用技术规程》的相关规定。

6. 工艺要点

（1）掺配粉煤灰、矿粉，减少水泥用量，单方混凝土胶凝材料用量增加约120kg。

（2）坍落度控制在240~260mm，扩展550~600mm。

（3）采用复合不锈钢模板，选用优质的清水混凝土长效脱模剂。

（4）采用专用高效减水剂，引气组分应尽可能少。

（5）模板要拼接严密，对各种螺栓孔及拼接缝等做密封处理，防止在混凝土浇注过程中出现漏浆现象；由于清水自密实混凝土坍落度、扩展较大，临时支撑系统的可靠程度要求较高。

（6）适当控制浇注速度，让混凝土中的气泡有一定排出时间。

（7）初终凝时间较普通混凝土长3~4h，对工期要求较高的分项工程不适用。

7. 效率提升

（1）外观：清水自密实混凝土通过优化配比，使混凝土拆模后可不做任何装饰，以本色混凝土直接作为结构物的外饰面，极大地提高了混凝土外观质量。

（2）质量：提高混凝土的工作性能，降低人为因素造成的混凝土强度问题。

（3）工效：免于振捣，极大降低了工人的劳动强度，提高混凝土浇注工效。

（4）经济效益：与普通混凝土相比，C30混凝土单立方米成本增加约20元，C50混凝土成本基本持平。

8. 实施情况（图5-10~图5-15）

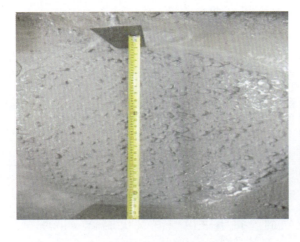

图5-10 坍落度

图5-11 刷脱模剂

图 5-12 混凝土浇注

图 5-13 混凝土高流动性

图 5-14 雾炮养护

图 5-15 效果图

六、拱顶带模注浆技术

1. 基本信息

工艺名称：拱顶带模注浆技术。

建设单位：广东惠清高速公路有限公司。

创新单位：广东省长大公路工程有限公司汕湛高速公路惠清项目 TJ5 标项目经理部。

应用情况：在惠清高速公路项目 TJ5 标应用。

2. 一般要求

注浆材料具有微膨胀、高流动、早强、无泌水、操作时间长等特性，不仅起到空洞充填作用，且能起到弥补或修复二次衬砌混凝土缺陷的作用，提高衬砌混凝土整体质量。

3.机械配备(表5-3、表5-4)

拱顶带模注浆现场施工所需主要设备　　　　表5-3

序号	名　称	单　位	数　量
1	注浆搅拌一体机	台	1
2	装载机	辆	1

拱顶带模注浆现场施工所需主要材料　　　　表5-4

主要材料名称	RPC管	梅花形开孔PVC管	微膨胀水泥
材料用途	径向注浆	纵向注浆	制备注浆浆液

4.工艺流程(图5-16)

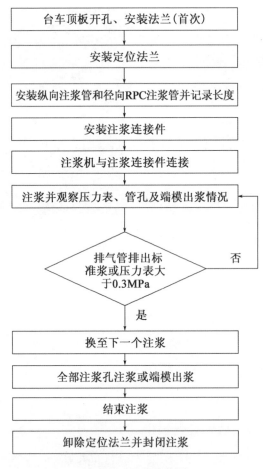

图5-16　工艺流程图

5.技术标准

拱顶带模注浆技术施工质量控制应严格符合以下现行标准、规范的要求。

(1)《普通混凝土力学性能试验方法标准》。

(2)《预应力孔道灌浆剂》。

(3)《水泥基灌浆材料应用技术规范》。

(4)《公路隧道设计规范》。

(5)《公路隧道设计细则》。

(6)《公路工程技术标准》。

(7)《公路隧道施工技术规范》。

(8)《公路工程质量检验评定标准》。

(9)《公路工程施工安全技术规程》。

(10)《公路隧道施工技术细则》。

6. 工艺要点(图5-17)

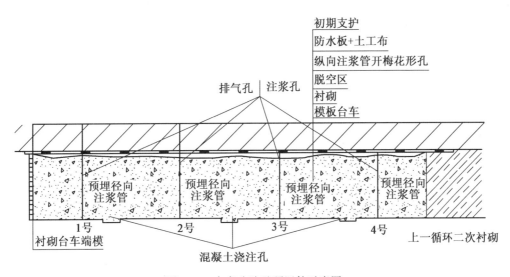

图5-17 台车改造及预埋件示意图

(1)衬砌台车改造。在衬砌台车顶部开注浆孔(首次使用时),注浆孔直径40mm,两侧注浆孔距侧端模的距离为0.6~1.5m,中间注浆孔间隔不超过3m。建议12m的台车一般开4个注浆孔。

(2)安装注浆法兰。在台车开注浆孔位置安装注浆管固定法兰(首次使用时),可重复使用,与衬砌台车焊接。通过螺栓安装注浆管定位法兰钢管(法兰钢管外有套丝,直径为40mm)。法兰钢管依次外接变径管、连接头、开关阀门、压力表、注浆连接管及注浆软管。

(3)台车端模开口处安装摄像头。台车端模上部安装摄像头,对混凝土浇注进行实时监控,掌握混凝土在台车顶部的流动状态及饱满情况,有效监控衬砌混凝土的浇注质量。

(4)拱部防水层铺设前,要重点对隧道拱部初期支护喷射混凝土表面进行处理,确保平整度符合设计要求;确保拱部防水层铺设松紧适度并密贴,避免过紧或过松使得防水板形成下拉脱空或褶皱鼓包;同时确保拱部防水层焊点焊接牢固可靠。

(5)预埋管件。安装防水板时,在拱顶防水板内侧焊接U形挂钩,在挂钩处预埋纵向注浆管(管上开梅花形孔,孔径1cm、间距30cm),注浆管在距台车端模最近的对应开口处设置1个三通。在衬砌台车就位后预埋RPC注浆管使其与三通连接;依次预埋其他3个排气管,顶紧防水板,并记录其长度以检测衬砌厚度是否满足设计要求,最后安装定位法兰。

(6)浇注衬砌混凝土并观测注浆孔出浆情况。衬砌混凝土应对称浇注,左右两侧混凝土高差不得超过0.5m、前后高差不得超过0.6m。混凝土浇注应逐窗逐层自模板窗口灌注,由下向上、对称分层浇注,倾落自由高度不得超过2m。浇注混凝土时,注浆管可作为观察孔,看混凝土是否浇注到拱顶,注意观察预埋管是否泌浆,必要时可对注浆观察孔进行清理,避免堵塞。

(7)浆液制备及带模注浆。衬砌混凝土浇注完成2~4h进行注浆,注浆材料采用微膨胀水泥浆,水灰比1:0.28;注浆采用注浆搅拌一体机进行操作。浆液要求连续拌制,拌制过程中严格监控材料用量,制备浆液抗压试块测试其7d、28d抗压强度,确保浆液质量。

(8)注浆判断标准。拱顶注浆原则上按照从低端向高端开始注浆。一是当其邻近注浆孔和端模排气孔流出标准浆时,更换注浆孔;二是注浆孔处注浆压力达到0.8MPa仍未出浆,应更换注浆孔注浆。当中间排气孔和端模排气孔流出浆液3~5s时停止注浆。

(9)注浆结束,关闭开关阀门,卸下注浆软管,并清洗注浆设备,在水泥浆初凝后卸下开关阀门和定位法兰。

7. 效率提升

(1)施工简便快捷。预埋纵向注浆管在径向连接处设置1个三通与径向注浆管对接,施工方便快捷,使拱部注浆更加密实,同时解决了传统钻孔注浆易损坏防水板、可能造成隧道渗漏的问题。设置3个径向排气管,既可作为排气管又可作为注浆备用管,减少纵向排气管的布设,台车下部留有注浆法兰口可直接与注浆机连接,使施工更加方便快捷。

(2)施工效率提高,施工成本降低。在二次衬砌浇注完成后开始、在二次衬砌台车脱模前结束,作业时不影响隧道其他工序作业。二次衬砌台车就是施工台车,即不用加工注浆的专用台车,可减少施工工序、降低施工成本。

(3)施工质量高。带模注浆可在混凝土初凝时开始注浆,且注浆压力远高于脱模后的注浆压力,提高衬砌混凝土与注浆处理浆液的整体性,修复各种混凝土缺陷。带模注浆时,由于受到台车模板的保护,二次衬砌混凝土不会破坏。注浆浆液的压力通过室内模型试验获得,一般不超过0.8MPa(试验确定)。注浆材料具有微膨胀、高流动、早强、无泌水、操作时间长等特性,既能使空洞充填又能使注浆体与混凝土形成一个完整的实体,提高衬砌混凝土整体质量,使二次衬砌受力更加均衡。

8. 实施情况(图 5-18～图 5-20)

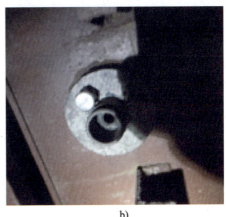

a)   b)

图 5-18   台车开孔及法兰安装

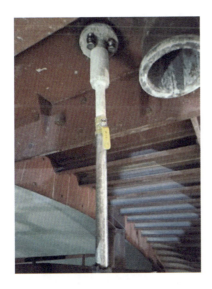
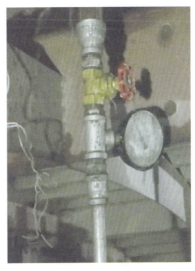

图 5-19   径向 RPC 注浆管   图 5-20   连接开关阀门及压力表

七、定位卡槽在隧道衬砌钢筋间距控制中的应用

1. 基本信息

工艺名称:定位卡槽在隧道衬砌钢筋间距控制中的应用。

建设单位:广东惠清高速公路有限公司。

创新单位:广东省长大公路工程有限公司汕湛高速公路惠清项目TJ5标项目经理部。

应用情况:在惠清高速公路项目TJ5标应用。

2. 一般要求

隧道衬砌主筋定位一般采用30mm×30mm的等边角钢,衬砌钢筋镶嵌在角钢肋板凹槽内。

3. 机械配备

手刹轮、电焊机。

4. 工艺流程

角钢切割→钢筋安装→钢筋焊接。

5. 技术标准

满足下列现行标准、规范的要求。

(1)《公路隧道施工技术规范》。

(2)《公路工程质量检验评定标准》。

6. 工艺要点

严格控制角钢肋板凹槽尺寸,确保钢筋能放入凹槽内。

7. 效率提升

(1)有效控制钢筋间距,确保钢筋安装精度。

(2)角钢成本低廉,易采购。

8. 实施情况(图5-21)

图5-21 定位卡槽在隧道衬砌钢筋间距控制中的应用

八、隧道用新型止水带

1. 基本信息

工艺名称:隧道用新型止水带。
建设单位:广东惠清高速公路有限公司。
创新单位:中铁十五局集团有限公司汕湛高速公路惠清项目TJ6标项目经理部。
应用情况:在惠清高速公路项目TJ6标应用。

2. 一般要求

新型止水槽对流至施工缝迎水面的地下水,先排后堵,减小或者基本消除止水槽迎水面的水压,使止水槽在低压甚至无压的状态下止水,止水槽容易取得较好的防水效果。排水式快速安装止水槽的合理造型使其安装使用十分方便,安装时只需用衬砌混凝土台车的端头模板插入H形的下凹槽并直接顶压即可,安装方便,且能带来施工质量的提高,从而使设计思想得以完全实现,具体构造如图5-22所示。

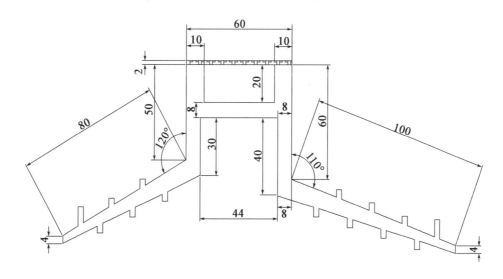

图5-22　新型止水带构造图(尺寸单位:cm)

3. 机械配备

新型止水槽、手持电动切割机、端头模板。

4. 工艺流程

(1)将止水槽长翼一侧朝向衬砌段的先浇侧。为了使止水槽结构科学合理,排水式快速安装止水槽的两侧不对称,安装时需注意其方向性,详见图5-23。

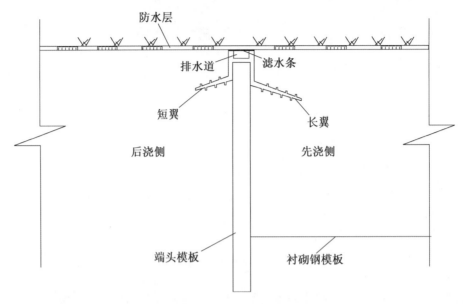

图 5-23 新型止水带施工图

(2)按"米"字形沿隧道环向临时固定止水槽,即在几何特征位置插入端头模板。止水槽都是定长生产,而隧道的外轮廓则不尽相同。先临时固定止水槽,可以调整止水槽沿四周的松紧程度,再利用橡胶材料的弹性,便能使止水槽适应隧道轮廓的种种变化。

(3)连接排水通道和纵向排水管。止水槽的长度留有余量,在止水槽的实际用长确定后,截除止水槽下端的多余部分。然后将一段 $\phi 20$ 排水管的一端插入止水带下端的排水通道,引入侧水沟,埋设时保证预埋引水管的排水坡度。

(4)自下而上逐块插入端头模板并可靠固定,止水槽安装即完成。

5. 技术标准(表5-5)

新型止水带的相关物理性能 表5-5

序号	项 目		相关指标(满足国标)
1	硬度(邵尔A)(度)		60±5
2	拉伸强度(MPa)		≥10
3	拉断伸长率(%)		≥380
4	压缩永久变形(%)(70℃×24h,25%)		≤35
5	撕裂强度(kN/m)		≥30
6	脆性温度(℃)		≤-45
7	热空气老化(70℃×168h)	硬度变化(邵尔A)(度)	≤+8
		拉伸强度(MPa)	≥9
		拉断伸长率(%)	≥300
8	臭氧老化[50×10ppm;20%,(40±2)℃×48h]		无裂纹

6. 工艺要点

衬砌混凝土浇注时,应注意止水槽、止水翼两侧的振捣。止水槽在橡胶材料具有的恢复自身原有形状的属性条件下,即使浇注或振捣初期使止水翼产生些许移位变形,止水翼也会很快复位。新型止水带先排后堵,防水比中埋式止水带可靠;省去施作钢筋卡的施工步骤,不用将止水带进行对中处理,安装方便、省工省时、造型合理、低耗减重。

7. 效率提升

施工队伍人员流动大,施工技能水平不能保持稳定,采用更方便、易操作的工艺,能够消除因靠经验施工造成的质量差异,以施工标准化来保证质量,简化施工中间环节,在提高工作效率的同时加快施工进度。

8. 实施情况(图 5-24、图 5-25)

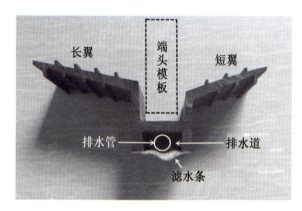

图 5-24 新型止水槽样品

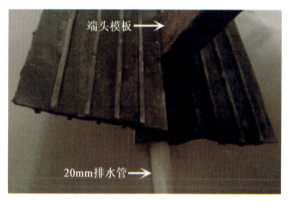

图 5-25 止水槽下部的排水构造示意图

九、隧道环向止水带定位技术

1. 基本信息

工艺名称:隧道环向止水带定位技术。

建设单位:广东惠清高速公路有限公司。

创新单位:中交路桥建设有限公司汕湛高速公路惠清项目 TJ4 标项目经理部。

应用情况:在惠清高速公路项目 TJ4 标应用。

2. 一般要求

隧道二次衬砌环向止水带采用加工长度为 80cm 的方钢固定,在方钢与台车部位加工槽口,对环向止水带进行定位。该定位技术需保证方钢槽口位置与环向止水带设计位置相匹配,槽口宽度与深度应满足止水带定位要求。

3. 机械配备

砂轮切割机,火焰切割设备。

4. 工艺流程

（1）根据二次衬砌厚度不同，在方钢与台车相接的部位向里量取设计二次衬砌厚度的一半，开10cm深度的槽。

（2）端模采用5cm厚木板制作，根据二次衬砌厚度不同，加工靠近台车一侧模板时宽度保持设计二次衬砌厚度的一半，并做到线形与台车模板一致。这样不仅让环向止水带安装时保持居中，且能在二次衬砌浇注完成后保证外漏15cm厚的宽度（钢板腻子止水带宽度为30cm，端模厚度为5cm，方钢开槽深度为10cm，混凝土浇注完成后，止水带外漏高度刚好为15cm）。

图5-26所示为现场加工定位型钢。

图5-26 现场加工定位型钢

图5-27所示为定位型钢安装及加固现场。

图5-27 定位型钢安装及加固

5. 技术标准

满足现行《公路隧道施工技术规范》和《公路工程质量检验评定标准》的要求。

6. 工艺要点

(1) 止水带定位方钢加工应根据止水带位置进行割槽,保证槽口深度、中心位置及拉杆孔,确保安装精度。

(2) 止水带定位方钢起到加固挡头板作用,环向安装间距控制在50cm左右,安装应满足模板加固要求。

(3) 安装时应调整好止水带位置,确保居中,无打折现象。

7. 效率提升

环向止水带定位采用200mm×100mm×6mm方钢固定,方钢槽口位置根据止水带宽度及二次衬砌厚度加工,能够保证止水带定位准确性,且方钢周转速度快,便于安装和拆卸,在很大程度上提高端头模安装效率。同时,方钢能够重复利用,并能够提高端模止水带安装精度,操作简便,适用性强。

8. 实施情况(图5-28)

图5-28 环形止水带线形顺畅,高度统一

十、纵向止水带定位筋在隧道矮边墙中的应用

1. 基本信息

工艺名称:纵向止水带定位筋在隧道矮边墙中的应用。

建设单位:广东惠清高速公路有限公司。

创新单位:广东省长大公路工程有限公司汕湛高速公路惠清项目TJ5标项目经理部。

应用情况:在惠清高速公路项目TJ5标应用。

2. 一般要求

定位钢筋由光圆 φ8 和带肋 φ12 钢筋组成，光圆钢筋按 0.5m 间距设置一道，带肋钢筋沿止水带中间通长设置，钢筋性能符合有关规范要求。

3. 机械配备

钢筋调直机、钢筋切断机、电焊机。

4. 工艺流程

钢筋加工→钢筋定位→安装止水带→钢筋焊接。

5. 技术标准

满足下列现行标准、规范的要求。

(1)《公路隧道施工技术规范》。

(2)《公路工程质量检验评定标准》。

6. 工艺要点

(1) 严格控制定位钢筋的纵向线形，不偏差。

(2) 纵向止水带固定牢固。

7. 效率提升

(1) 保证了纵向止水带顺直度。

(2) 确保了纵向止水带预埋高度满足设计要求。

(3) 减少了后期人工踩踏导致脱落的现象。

8. 实施情况（图 5-29）

图 5-29 纵向止水带定位筋

十一、T76S 自进式螺旋注浆管施工技术

1. 基本信息

工艺名称：T76S 自进式螺旋注浆管施工技术。
建设单位：广东惠清高速公路有限公司。
创新单位：广东省长大公路工程有限公司汕湛高速公路惠清项目 TJ5 标项目经理部。
应用情况：在惠清高速公路项目 TJ5 标应用。

2. 一般要求

T76S 自进式螺旋注浆管棚的主体材料主要为高强度、高刚度的全螺纹厚壁钢管。其结构主要包括三部分：高强度螺纹钢管、高强度连接套管及高强度带孔合金钻头。其中，高强度螺纹钢管的外壁全为螺纹，管身无孔，单节长度以 3m、4m 为主，实际应用中可根据工程需要任意切割。高强度连接套管的尺寸略宽于钢管，套管内壁分布螺纹，并与螺纹钢管外壁的螺纹条理吻合；管棚钻进的过程中各节钢管通过高强度连接套连接，由此形成长管棚并完成钻孔。高强度带孔合金钻头连接在首节螺纹钢管的最前端，并通过孔口在钻进过程中实现注浆。

3. 机械配备

C6 钻机、液压双液注浆泵、搅拌机、切割机、电焊机、装载机、挖掘机。

4. 工艺流程（图 5-30）

5. 技术标准

T76S 自进式螺旋注浆管棚应符合现行《公路隧道施工技术规范》《公路工程质量检验评定标准》《公路工程施工安全技术规范》的相关规定。

6. 工艺要点

(1) 钻孔前，精确测定孔的平面位置、倾角、外插角，并对每个孔进行编号。

(2) 钻孔外插角 3.5°，角度误差以不超过 1°为宜，工点应根据实际情况做调整。施工中应严格控制钻机下沉量及左右偏移量。

(3) 严格控制钻孔平面位置，管棚不得侵入隧道开挖线内，相邻的钢管不得相撞和立交。

(4) 经常量测孔的斜度，发现误差超限及时纠正，至终孔仍超限者应封孔、原位重钻。

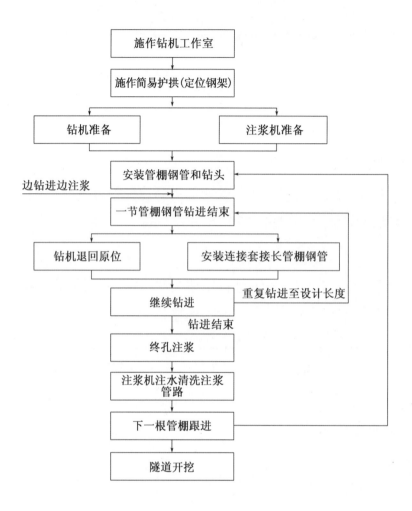

图 5-30 工艺流程图

(5)掌握好开孔和正常钻进时钻机的推进压力和速度。

(6)允许偏差应符合表 5-6 的规定。

施工的允许偏差　　　　表 5-6

项　目	最大允许误差	检测方法
开孔位置误差(cm)	≤5	经纬仪、钢尺现场测量
开孔角度误差(°)	≤1	角度尺现场测量
孔深误差(cm)	≤50	钢尺现场测量
终孔角度误差(°)	≤1.5	角度尺现场测量

7. 效率提升

ϕ108 管棚接头处为丝扣连接,接头强度较低;管棚壁为光滑薄壁管,与围岩之间的黏结力较小;采用低压灌浆,管棚远端注浆不饱满,若采用高压注浆需设止浆墙;施工工期较长,施工灵活性较差,施工工艺较为复杂,工序较多。与 ϕ108 管棚相比,T76 管棚钢管间采用套管等强连接;管壁有螺纹,增加了与围岩之间的黏结力;边钻孔边注浆,不堵孔,浆液扩散半径较大;施工工期较短,支护长度和相关参数可以根据实际情况进行调整,施工工艺较为简单。

通过对比可知,与 φ108 管棚相比,T76 管棚具有较为明显的优势,由于管棚壁较厚(φ108 管棚壁厚 6mm,T76 管棚壁厚 10mm)且与围岩间的黏结力较好,钢管抗拉力 1900kN,屈服力 1600kN,能够形成较好的支护效果。

8. 实施情况(图 5-31、图 5-32)

图 5-31　连接套参与钻进工作　　　　图 5-32　钻进

十二、活性粉末混凝土在隧道电缆沟盖板中的应用

1. 基本信息

工艺名称:活性粉末混凝土在隧道电缆沟盖板中的应用。

建设单位:广东惠清高速公路有限公司。

创新单位:广东省长大公路工程有限公司汕湛高速公路惠清项目 TJ5 标项目经理部。

应用情况:在惠清高速公路项目 TJ5 标应用。

2. 一般要求

活性粉末混凝土(RPC)材料由普通 42.5R 硅酸盐水泥、石英砂、钢纤维、微硅粉、矿渣粉、RPC 专用清水外加剂组成。相关集料性能应符合《公路工程集料试验规程》要求。

3. 机械配备

液压成型设备、蒸汽养护设备。

4. 工艺流程

原材料混凝土制备→分料入模→液压成型→拆模→蒸汽养护→成品入库。

5. 技术标准

符合铁路客运专线活性粉末混凝土材料人行道挡板、盖板暂行技术标准的相关规定。

6. 工艺要点

（1）模板必须保证洁净，采用 RPC 专用脱模剂。

（2）RPC 材料的凝固速率快，搅拌完毕的 RPC 拌和物应在 30min 内灌注完毕，构件宜连续灌注，最大间隔时间应不超过 6min。

（3）RPC 制品的养护分静停、初养和终养，现场施工人员和温控室人员密切监控，把握好不同养护条件制品的转移，严控养护温度。

7. 效率提升

（1）具有高强度、高耐久、高韧性，搬运、安装过程不易破损。

（2）质量稳定，外观有镜面效果。

（3）建设期成本单洞每延米需增加约 30 元，但由于质量较轻、韧性高，大幅降低了运营期养护及维修成本，全寿命周期综合成本与普通钢筋混凝土盖板基本持平。

（4）生产工艺较为复杂，需工厂化预制，且需高温养护。

8. 实施情况（图 5-33）

图 5-33　隧道电缆沟 RPC 盖板

十三、隧道纵向排水管固定工艺

1. 基本信息

工艺名称：隧道纵向排水管固定工艺。

建设单位：广东惠清高速公路有限公司。

创新单位：中铁十五局集团有限公司汕湛高速公路惠清项目 TJ6 标项目经理部。

应用情况：在惠清高速公路项目 TJ6 标应用。

2. 一般要求

现场使用的钢筋需满足设计要求，钢筋头不得伸向防水板一侧，钢筋和托架需密布确保定位准确。

3. 机械配备

钢筋弯曲机、钢筋切断机。

4. 工艺流程

采用底部纵向排水管临时固定的方式对高程和纵坡进行控制。采用钢筋托架刚性固定于防水板条反向柔性的方式进行，支架钢筋（$\phi 8$ 以上）采用重新钻孔植筋的方式进行，底部托架高度按照隧道纵坡和高程进行设置，在支架上焊接两条纵向钢筋，包裹好土工布的排水管进行固定，托架每 2~3m 设置一道，在三通附近进行适当加密。部分Ⅱ、Ⅲ级段落因围岩情况造成拱脚部位线形不顺直的情况，还可通过增加防水板条反向柔性固定等方式来保证和提升防排水系统的有效性。

5. 技术标准

满足现行《公路隧道施工技术规范》的要求。

6. 工艺要点

隧道纵向排水管沿全隧道埋设，纵向坡度与隧道相同，在隧道防排水系统设计上，环向、纵向、横向转换点起重要作用。因此纵向排水管的施工质量是整个隧道排水系统的重要控制工序，需要采用底部纵向排水管临时固定的方式对高程和纵坡进行控制。

7. 效率提升

纵向排水管固定措施不到位会造成浇注二次衬砌混凝土的过程中产生晃动甚至导致变形，采用托架支撑可以提高整体排水系统的有效性，有效的固定方式对整个隧道的排水系统施工质量起到至关重要的作用。

8. 实施情况(图 5-34、图 5-35)

a) b)

图 5-34 现场实际安装示意图

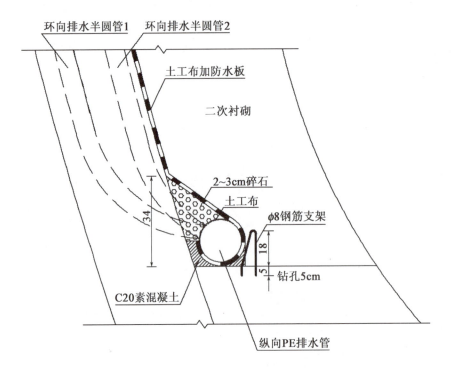

图 5-35 支架详细布置图(尺寸单位:cm)

十四、全液压无轨衬砌台车施工创新技术

1. 基本信息

工艺名称:全液压无轨衬砌台车施工创新技术。

建设单位:广东惠清高速公路有限公司。

创新单位:广东冠粤路桥有限公司汕湛高速公路惠清项目 TJ11 标项目经理部。

应用情况:在惠清项目 TJ11 标项目投入使用。

2. 一般要求

全液压无轨衬砌台车自带行走滑道及推进系统,具备横向移动和转弯掉头等功能,无须再像传统台车那样铺设轨道及枕木。台车具有大角度爬坡能力,必要时可减少台车的转场拆装,具有结构合理可靠、操作方便、省人工、衬砌速度快、隧道混凝土成形面好等特点。

3. 机械配备

二次衬砌液压模板台车、混凝土运输车、泵车。

4. 工艺流程(图 5-36)

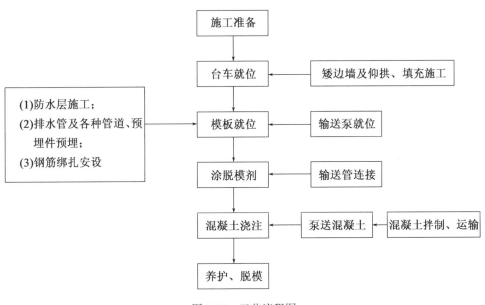

图 5-36 工艺流程图

5. 技术标准

顶拱半径:8.450m(按常规设计加大 50mm);

边拱半径:5.100m(按常规设计加大 50mm);

拱高:8.15m;

混凝土衬砌长度:10.5m;

额定电压:380V;

总功率:15kW(单线);

油泵电机功率:11kW;

台车行走速度:2m/min;

液压系统压力:16MPa,$P_{max}=20MPa$;

油缸技术参数:行走缸:D200×120×S1800;

顶升缸:D200×100×S500;

侧向缸:D90×d50×S200;

水平调整缸:D100×d55×S200。

6. 工艺要点

(1)混凝土衬砌钢模台车出厂并运至施工现场后,由厂家委派的工作人员负责台车安装调试,在项目部和班组配合下确保安装质量。

(2)现场施工前需对台车的行走系统、门架系统、钢模板、加固系统、液压系统、电气控制系统、加固系统等部分进行检查,确保施工无故障。

(3)衬砌台车现场拼装,拼装时应检查中线、断面和净空尺寸等,衬砌前对模板表面进行彻底打磨,清除锈斑,除油防锈;对模板板块拼缝进行焊接并将焊缝打磨平整,避免使用过程中模板翘曲变形而影响混凝土表面质量。

(4)检查台车模板尺寸,要求准确,其两端的结构尺寸相对偏差不大于3mm。

(5)挡头模板应满足混凝土压力的刚度,厚度应适当加厚,安装稳固、严密。

(6)施工过程中如出现二次衬砌错台,应暂停二次衬砌施工,全面查找原因,重点查找台车就位加固措施是否有效,混凝土输送管是否固定、挡头模板或两边模板是否变形等,要及时整修加固,经监理工程师同意后方可继续施工二次衬砌。

(7)每施工衬砌200m,台车应全面校验一次,校验可在隧道加宽带进行。

7. 效率提升

(1)节约材料采购成本。由于台车自带行走滑道及推进系统,无须再像传统台车那样铺设轨道及枕木,因此可以节约轨道与枕木的采购支出。

(2)节约人工使用成本。由于每模不再需要搬移枕木与钢轨,无须在枕木与钢轨和地面间垫平,可以节约1~2人的二次衬砌人手。

(3)节约设备辅助作业成本。由于每模不再需要搬移钢轨,可以节省装载机或挖掘机辅助搬运的作业成本。

(4)台车具有横移功能,容易定位。操作台车的平移系统,可使台车向一边偏移,轻松实现所要完成的尺寸。

(5)台车具有掉头功能,可实现一台台车衬砌两个隧道的功能。操作台车的平移系统,使一条对角线的油缸伸出,另一条对角线的油缸缩回,进而使台车沿着中心点多次腾挪、转动、调整,最终实现掉头功能。

(6)台车轻松转弯。如上述操作,轻松实现大跨度转弯功能。

(7)台车具有大角度爬坡能力。传统台车只能在3%以内的纵坡范围内行走,并且还比较吃力。但我公司研发的无轨式液压行走油缸,可以实现20%以内爬坡行走,对仰拱未处理好的路面或者是需要跨越障碍的路况来说,该类型台车可轻松实现,且已经在多个工程中证明爬坡或升降可行。

(8)可在必要时减少台车的转场拆装。假如台车需要衬砌一座桥梁的两端隧道,在衬砌完一端后,可通过自身的行走移动,跨越桥梁(如路面不平,可通过反复的垫高或降低,抬高或降低台车),行走至另一端的隧道口,从而实现不拆装的转场使用。

(9)增加台车过车空间。由于无须在上部台架与横梁间平移,且底部可以锁定,因此台车横梁可以根据需要尽可能地往上升,给小断面隧道台车留下更多的过车空间。

8. 实施情况(图5-37、图5-38)

图 5-37　无轨台车横向行走系统

图 5-38　无轨台车纵向行走系统

第六章　信息化管理

无人机技术的高速公路建设施工信息化管理应用

1. 基本信息

工艺名称：无人机技术的高速公路建设施工信息化管理应用。
建设单位：广东惠清高速公路有限公司。
创新单位：汕湛高速公路惠清项目全线。
应用情况：在惠清项目全线投入使用。

2. 一般要求

根据高速公路建设管理需求，利用无人机对施工现场进行数据采集，通过数据处理与应用分析，形成现场施工质量、安全、进度数据。一方面将数据信息存储在数据库服务器，另一方面将现场信息展示于移动终端，指导管理人员做出合理决策，及时对现场发生的问题做出反应。当管理人员需要调取现场历史信息时，可通过移动终端申请访问数据库，具体的设计如图 6-1 所示。

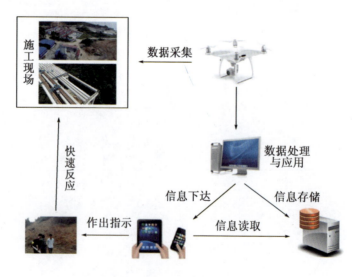

图 6-1　无人机总体设计示意图

3.机械配备

无人机、后台处理软件。

4.具体应用

(1)工程进度管理应用

本文以惠清高速公路 TJ17 标段为例,该标段全长 11.604km。利用无人机定期对该标段的工程施工进度进行数据采集,从而获取该标段的工程进度信息,具体的工程进度管理内容见表6-1。利用3人组成的信息采集小组,在 TJ17 标段沿线布设5个地面控制点,使用 GPS RTK 测得控制点坐标数据,然后利用无人机快速采集施工现场数据,数据采集时间约为3h,共获取航片数225张,飞行记录见表6-2。

无人机工程进度管理内容　　　表6-1

序号	项目	内容
1	征拆进度	拆迁情况;影响路线长度
2	临建进度、临建选址	施工便道拉通与硬化情况
		拌和站、钢筋加工厂、预制梁场建设情况
3	路基	路基清表情况
		路基填挖高程
		路基宽度
4	桥梁	桥梁工作面及外露部位进度情况
5	涵洞	涵洞开工情况
6	现场设备	桩机、架桥机、浮吊、塔吊等设备数量

TJ17标5月飞行记录　　　表6-2

架次	天气情况	相对航高(m)	航向(%)/旁向重叠度(%)	航片数(张)
1	晴	350	80/80	81
2	晴	350	80/80	68
3	晴	350	80/80	76

将航摄影像数据导入数据处理软件,进行半自动化处理。4h内完成数据处理,生成三维点云数据和DOM,平面位置中误差为±0.5m,符合《城市测量规范》中的1:2000正射影像图精度要求(图6-2、图6-3),可作为全线进度管理的数据依据。基于生成的三维点云和DOM等数字成果,可进一步进行规范化数据提取,快速获取施工现场拆迁进度、临建建设完成情况、路基现状高程、桥梁与涵洞开工情况等信息(表6-3),从而有效建立施工现场与

管理人员之间的数据链,为全线施工进度管理提供决策依据。

图 6-2　TJ17 标 5 月无人机拆迁进度跟踪(一)

图 6-3　TJ17 标 5 月无人机拆迁进度跟踪(二)(高程单位:m)

无人机施工进度现状　　　　表 6-3

序号	项目	现　状	计　划
1	拆迁	未完成拆迁 11 处,影响路线长 1.73km	—
2	临建	拌和站已建设 3 个,钢筋加工厂已建设 3 个	拌和站 3 个,钢筋加工厂 3 个
3	桥梁	已开工桥墩 134 个,未开工桥墩 315 个	—
4	涵洞	已开工涵洞 6 座	—
5	现场设备	桩机 122 台	—

(2)工程质量管理应用

①边坡工程

传统方式须技术人员携带测量仪器实地对边坡坡口线、坡率等进行质量检测,获取数据量少且危险性高。利用无人机超低空遥感技术进行边坡施工现场信息采集,可及时发现质量隐患、减少工程损失。

以惠清 TJ3 标 K65+940~K66+040 段左侧五级路堑边坡为例,利用小型旋翼无人机 Phantom4 Pro 在 1h 内完成数据采集,获取航片 380 张。将航摄影像数据导入数据处理软件,进行半自动化处理。4h 内完成数据处理,地面分辨率为 0.73cm,平面位置中误差为 ±0.03m,高程中误差为 ±0.05m,符合《城市测量规范》中的 1∶500 地形图精度要求,可作为边坡质量、安全、进度管理的数据依据。基于生成的高精度三维点云数据和 DOM,可进一步对坡口线、坡率、坡高、平台宽、安全防护情况进行提取分析,有效指导现场施工。无人机边坡管理数字成果如图 6-4 所示,管理开挖线与设计线对比如图 6-5 所示。

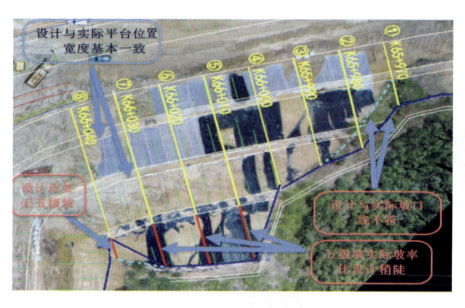

图 6-4　无人机边坡管理数字成果

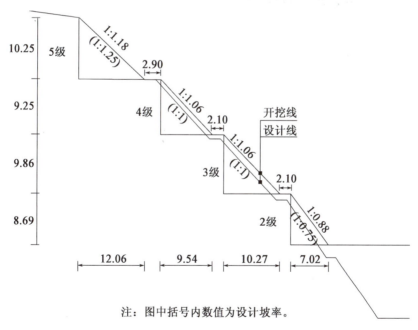

注:图中括号内数值为设计坡率。

图 6-5　无人机边坡管理开挖线与设计线对比(尺寸单位:m)

从图 6-4、图 6-5 中可以发现,存在高边坡实际坡口线与设计不一致、五级坡实际坡率比设计稍陡等问题,管理人员可第一时间发现问题,并及时督导现场人员进行整改,及时纠错,避免了数百万元的工程损失。

②清淤换填

清淤换填的施工质量直接影响高速公路运营期的路面沉降程度。在清淤换填施工过程中,主要由测量人员使用全站仪、GPS RTK 按照断面法或网格法进行实地测量,对地表情况、高程进行记录。这种对地形进行抽样测量的方式,可获取的数据量少,而且现场实测与后续数据处理需依靠人工完成,测量结果易受人员的技术水平和情绪影响。

利用无人机通过航线规划可快速获取清淤换填阶段性数据,以惠清 TJ1 标 BK55+320～BK55+410 段清淤换填为例,通过自动化数据处理生成了高精度正射影像图,获取了厘米级的地形数据,大幅提高了清淤换填数据获取的效率,保证了数据的客观性、真实性,如图 6-6、图 6-7 所示。

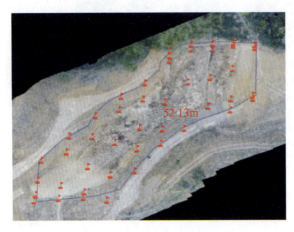
图 6-6　高精度正射影像图

图 6-7　地形数据

(3)工程安全管理应用

边坡稳定性影响因素主要包括边坡坡体施工质量(边坡开挖、锚固、排水工程等)和边坡周边环境对坡体的影响。施工过程中,由于缺乏对边坡周边大范围环境信息采集的技术手段,往往忽视边坡周边环境对坡体稳定性的影响。

以惠清 TJ4 标一处高边坡为例,利用无人机对边坡本体及周边环境信息进行采集,通过高精度三维建模,对边坡上方排水情况进行分析,发现两处人为水沟,在雨量较大时,极易对坡体造成集中冲刷。管理人员根据无人机获取的数据成果及时对边坡上方排水设施进行优化调整,有效避免了后续可能导致的工程损失。

另外,高速公路建设周期长,广东地区雨季降雨量大,对正在开挖的边坡易造成破坏,危及施工安全。无人机超低空遥感技术应用于应急救援现场信息获取,可快速获取边坡滑塌后的地形情况,通过数据处理与分析,获知滑塌面积、影响区域及滑塌方量,为应急人员、设备的有效投入提供数据依据。

(4)应急救援管理

高速公路建设周期长,广东地区雨季降雨量大,对正在开挖的边坡易造成破坏。若在施工过程中,坡顶、坡脚没有做好排水措施,由于水的渗入,填土内聚力降低或坡脚被冲刷掏空,都会造成边坡坍塌。当边坡滑塌后,如何第一时间制订有效的应急救援方案,排除安全隐患,减少工程损失,是高速公路建设管理人员迫切需要解决的问题。针对这一管理难点,惠清高速公路管理人员将无人机超低空遥感技术应用于应急救援现场信息获取,可快速获取边坡滑塌后的地形情况,通过数据处理与分析,获知滑塌面积、影响区域及滑塌方量,为应急人员、设备的有效投入提供数据依据。

以2018年6月台风季的边坡滑塌应急救援为例,惠清公司管理人员使用无人机对南昆山施工段两处高边坡滑塌现场进行数据采集,在保证现场勘查人员人身安全的情况下,快速获取现场三维地形地貌情况,对现场受灾情况进行了及时评估,划定安全防范区域,通过制订应急救援方案减少了数十万元的工程损失。

5. 创新点

(1) 以无人飞机为平台,通过搭载见光相机、热红外相机等作为传感器,对项目现场信息进行收集,无人机具有独特的空中鸟瞰视角,不仅能有基本无死角的全景影像,而且覆盖范围大,更适用于野外大型基础设施的建设管理。

(2) 无人机搭载传感器采集的数据量是传统方式的百万倍,同时利用计算机视觉技术对数据进行处理,实现了施工现场的全真模拟,真实反映实际建造与设计的偏差;通过对建造过程的数字化三维重现,实现数据可追溯。

(3) 通过搭建以GIS为基础的管理系统,可以对工程建设项目全生命周期的各种信息进行全面感知、实时传输、真实分析和智能控制,对包括人员/设备/材料等生产要素、构筑物、生产过程和业务流程在内的整个物理工程和虚拟工程进行深度融合,从而建立起可感知、可分析、可控制的工程建设与管理施工信息化运行体系。

6. 效率提升

(1) 经济效益评价

随着高速公路建设项目对新技术、新工艺、新设备以及信息化管理的需求越来越高,施工信息化管理是高速公路建设项目管理的主要趋势之一。在众多实现施工信息化管理的路径中,基于无人机低空摄影技术的施工信息化管理方式为高速公路项目提高管理效率、降低管理成本、实现项目的增值提供了可行的手段。通过在惠清高速公路上运用无人机低空遥感技术进行施工信息化管理,提升了项目的管理效率、减少了安全风险、保证了工程质量、较好地保证了工程进度。

数据量上,无人机超低空遥感技术每1cm获取一个三维坐标数据,数据量是传统测量方式的百万倍。效率上,无人机可快速进行地形数据采集,同等面积的采集效率是人工采集的

4倍,而且面积越大,效率提升越明显。成本上,传统巡查的人工费为200~300元/天,与人工巡查相比,无人机数据采集效率优势明显,可降低人员和设备的投入,及时发现现场施工问题,避免了数百万元的工程损失,有效降低了工程管理成本。截至目前,无人机已完成33处高边坡、84处清淤换填以及全线进度数据采集,共花费39万元。实施过程中发现工程质量缺陷3处,同时在施工期进行了及时处置,避免后期返工处理费用约350万元,有效降低了工程管理成本。

(2)社会效益评价

利用无人机超低空遥感技术获取施工现场信息,具有获取效率高、数据量大、人员安全性高、自动化程度高等优势,有效地避免了建筑过程中人工作业产生的安全及质量隐患,极大程度地节约了人力资源成本,在高速公路工程建设领域具有示范作用,可为其他工程项目提供借鉴。

(3)推广应用前景

基于无人机的低空遥感技术在惠清高速公路的示范应用,产生了较好的经济效果,尤其是对全线进度的管理,迅速高效;对边坡的管理,可以做到边坡坡率的复核、坡口线是否吻合等相关指标的控制,从而实现质量、安全、施工进度等的管理。同时在清淤换填方面做到实时性、可追溯性等独特优势,在工程建设行业尤其是高速公路项目中值得推广应用。

无人机的低空遥感技术在施工现场的应用才刚刚开始,受科技等条件的限制,管理的范围与精度仍受限,但随着人工智能时代的到来,基于无人机技术的应用将会根据实际需求而逐步拓展,有着极大的研究潜力和应用前景。对于如何选择合适的搭载平台与传感器,有针对性地解决需要监测的对象与问题,随着技术的完善、实践的深入,未来将会大有所为。这对于日后实现施工现场的施工信息化管理、实现实时动态监测,从而指导工程的科学管理、合理安排施工,推动绿色、智慧高速公路,具有重要的研究意义和实际应用价值。